DEEL 2

Het GROTE DIKKE BOEK voor fantastisch CREATIEF HANDLETTEREN

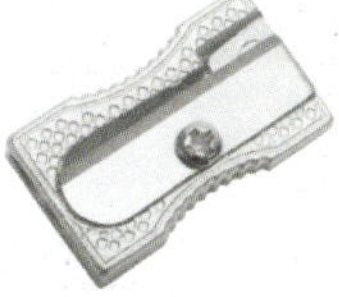

Oorspronkelijke titel: *The Great Big Book of Amazing Creative Lettering*

Oorspronkelijk uitgegeven in 2017 door Hinkler Books Pty Ltd

Lay-out en tekst: Blue Red Press en Hinkler Books Pty Ltd
Omslagontwerp: Sam Grimmer
Omslagbelettering: Jay Roeder
Letters binnenwerk: Mye De Leon, Jessica Matthews, Drew Melton, Jay Roeder, Maureen Wilson
Beeld © Hinkler Books Pty Ltd of Shutterstock.com

Vertaling: Paulina de Nijs/Vitataal
Redactie en productie: Vitataal
Opmaak: Fenatic

ISBN 978-94-6354-070-4
NUR 476

www.lantaarnpublishers.nl

INHOUD

Middeleeuws, gotisch en Blackletter

Middeleeuws, gotisch & blackletter

Wil je traditionele schrijfstijlen op een frisse manier benaderen? De middeleeuwse en gotische stijlen combineren de beste aspecten van traditionele en moderne stijlen. Ze roepen beelden op van mirakels, ridders en kastelen. Als we vandaag de dag aan de middeleeuwse stijl denken, denken we aan veel ornamenten en elementen van het riddertijdperk, terwijl de gotische stijl eerder doet denken aan boeken en films over vreemde en soms angstaanjagende gebeurtenissen, vaak op mysterieuze en spookachtige plekken. Gotisch associëren we vaak met horror, vampiers en donkere bossen vol vreemde geluiden en verschijningen. Het is erg leuk om deze ouderwetse stijlen op een hedendaagse handlettermanier te benaderen, dus waar wacht je nog op? Ga aan de slag en maak complete kunstwerken om indruk te maken op je vrienden!

Middeleeuws

Het middeleeuwse schrift was in gebruik van de vierde tot de achtste eeuw. Het werd oorspronkelijk gebruikt door Griekse en Latijnse schrijvers en in de loop der tijd overgenomen door Ierse en Engelse schrijvers. Later kwamen er varianten op deze stijl (waarvan enkele zich ontwikkelden tot de gotische stijl). Je hebt hem misschien wel eens gezien in verluchte ('gedecoreerde') handschriften, zoals oude Bijbels en gebedenboeken, maar vandaag de dag zien we hem vooral op elegante borden en advertenties. Hij is goed te combineren met gotische letters, omdat beide honderden jaren geleden met dezelfde instrumenten zijn ontwikkeld.

Gotisch

Het gotische schrift was de belangrijkste schrijfstijl van de middeleeuwen en werd van circa 1200 tot 1500 gebruikt. De term 'gotisch' komt uit Italië en werd daar gebruikt als verwijzing naar alles wat de Italianen als barbaarse culturen zagen ten noorden van hun grenzen. Gotisch omvat meerdere vroege handschriften: sommige zijn expressief met veel krullen en ronde bogen terwijl andere veel hoekiger zijn, met harde, rechte lijnen en hoeken. Je ziet deze traditionele stijl nog wel eens als aandachtstrekker in een advertentie van supermoderne producten. Maar boven alles is hij prachtig om te zien.

Blackletter

Een substijl van het gotisch wordt 'blackletter' genoemd, vanwege het visuele gewicht van de letters dat het wit van de bladzijde overheerst. Deze stijl was vooral in het middeleeuwse Duitsland populair. We hebben blackletter als gotische stijl gekozen omdat hij de afgelopen jaren aan populariteit wint bij jonge ontwerpers die het traditionele schrift op ongebruikelijke wijze verwerken in hedendaagse ontwerpen.

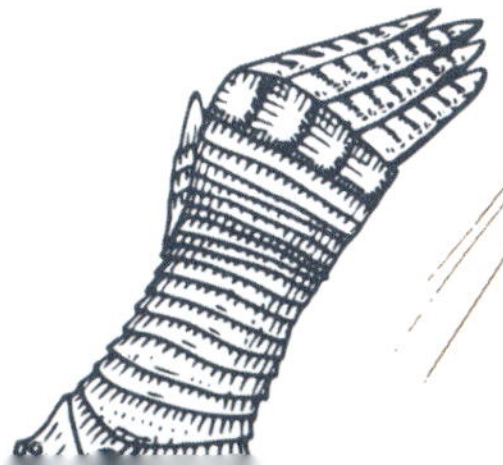

Middeleeuws

In dit hoofdstuk leer je om deze stijlen in je eigen ontwerpen toe te passen. Hier is een compleet middeleeuws alfabet dat je kunt kopiëren of overtrekken. Op de bladzijde hiernaast is ruimte om te oefenen.

ABCDEFGHI

JKLMNOP

QRSTUVW

XYZ &?!

abcdefghij

klmnopqrs

tuvwxyz

Oude wereld

Met dit eerste project kom je al snel in de juiste sfeer: een in middeleeuwse stijl getekende zin in een eenvoudige cirkel.

1. Maak met behulp van een passer of sjabloon een cirkel. Je kunt ook een glas of klein bord gebruiken. Teken er een basislijn en horizontale hulplijnen in voor een constante letterhoogte en verticale hulplijnen voor rechte verticalen. Arceer vervolgens langs de enkele lijn die je als letterskelet hebt getekend (dat wil zeggen dat je dunne, parallelle lijnen dicht tegen elkaar aan tekent, zoals in het voorbeeld), om een gevoel te krijgen voor de vorm van elke letter en hoeveel ruimte deze inneemt. Het is een geweldige methode voor deze stijlen en zal in dit hele hoofdstuk worden toegepast. In dit ontwerp gaan we ook krullen inzetten om de buitenrand van de cirkel te vullen. Er zijn tal van extravagante krullen die je kunt maken, maar die kunnen best lastig zijn. De eerste keer wil je ze misschien liever overtrekken van onze cirkel.

2. Begin met het schetsen van de ruwe contouren van je lettervormen en breng dan dunne en dikke pennenstreken aan de uiteinden van je krullen aan, bekend als ‘dunnen’ en ‘dikken’. Maak de dikken voor dit ontwerp wat voller en dramatischer ten opzichte van de dunnen. Probeer de linkerkant van de d’s en e’s mooi rond te maken voor een meer middeleeuws effect.

3. Maak de tekening af door de schets over te tekenen met een (kroontjes) pen of stift. Gum de potloodlijnen uit als de tekening droog is. Je kunt de letters ook eerst op overtrekpapier overtekenen. Dat is een optie die voor alle projecten geldt. Je kunt de letters op het overtrekpapier dan als sjabloon gebruiken voor toekomstige projecten of ze direct op een ander vel papier zetten.

Nu is het jouw beurt om je eigen oude wereld te creëren!

TIP

Houd altijd een kleine liniaal en een passer bij de hand als je hulplijnen tekent. Ze maken je leven een stuk makkelijker.

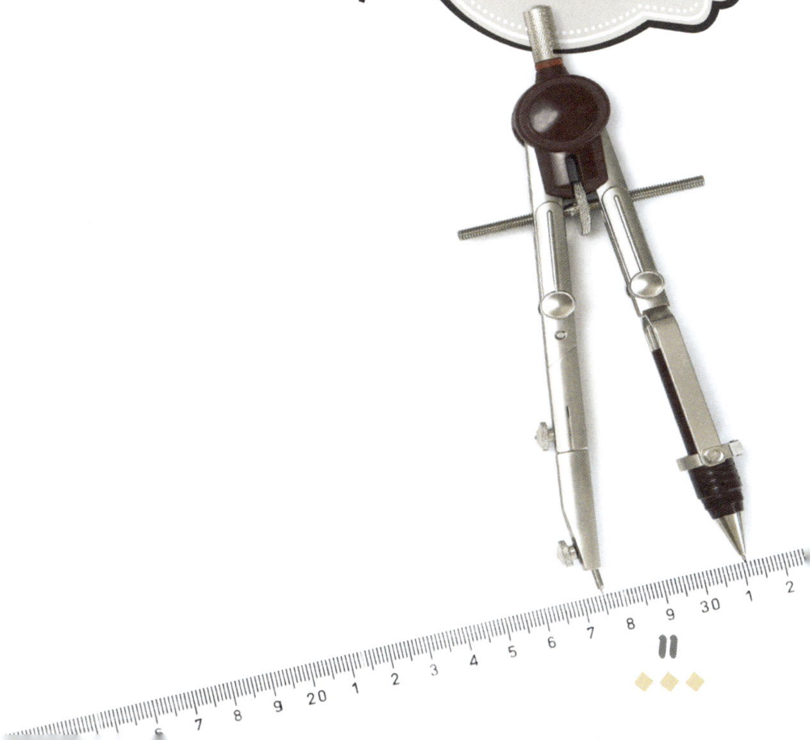

Stoere ridder

Nu worden we wat ambitieuzer met een grappige zin en een complexere compositie. Haal diep adem, blijf rustig en houd je potloodlans klaar voor een handletteroverwinning!

1. Teken horizontale en verticale hulplijnen. Arceer dan de letters en kijk aan welke letters je krullen kunt maken. Begin eenvoudig met driehoekige schreven boven aan de belangrijkste pennenstreken. Maak de krullen in dit ontwerp rond en strak, voor een extra sierlijk effect.

2. Gebruik nu een zachter (donkerder) potlood om de letters in te vullen. Breng op enkele letters puntige uitsteeksels aan en trek het rechterbeen van beide h's door naar beneden, zodat er een scherpe punt ontstaat. Trek de g door, zoals in het voorbeeld, en breng krullen aan bij de W en K. Je hoeft geen diktes aan te brengen in deze krullen (dikken en dunnen): we gebruiken in dit ontwerp een gelijkmatige lijn.

3. Nu je een gedetailleerde tekening hebt, maak je deze af door je schets met een (kroontjes)pen of stift over te tekenen en de potloodlijnen weg te gummen. Houd de krullen helder en licht en benadruk de spitse uiteinden van de letters.

Overtref jezelf met een prachtige handgeletterde ridder!

Verluchte letter

Een leuk middeleeuws handletterproject is het maken van een verluchte ('gedecoreerde') letter. Het handletteren van een versierde hoofdletter, meestal de eerste letter op een bladzijde of van een alinea, was een middeleeuws gebruik dat je nog steeds terugziet in bijvoorbeeld sprookjesboeken. Deze letters werden uitgebreid gedecoreerd met in elkaar verweven patronen en afbeeldingen.

1. Teken een vierkant kader. Schets een letter in middeleeuwse stijl die het grootste deel van het kader vult. Als je tevreden bent, ga je de letter versieren. Je kunt decoraties aanbrengen die eruitzien als bloemen en planten die door, over en rond de letter groeien.

2. Vul de versieringen in. Je kunt naar afbeeldingen van bloemen en bladeren kijken voor inspiratie. Varieer de dikte van de decoratie, maar onthoud dat de lijnen los en ontspannen moeten blijven.

3. Maak de tekening af door de schets met een (kroontjes)pen of stift over te tekenen. In plaats van de letter en planten in te vullen, vul je de achtergrond in. Hierdoor steken de witte letter en versieringen af tegen de zwarte achtergrond. Vul het kader rond je ontwerp in. Zie hoe fantastisch het witte ontwerp eruitziet tegen de zwarte achtergrond met een zware zwarte rand!

Probeer de eerste letter van je naam te verluchten!

TIP

Het effect van wit tegen een zwarte achtergrond is fantastisch, maar je kunt ook experimenteren met kleuren. In middeleeuwse verluchte letters worden goud en andere intense kleuren gebruikt tegen een donkere achtergrond; experimenteer dus met verschillende gekleurde stiften. En als je echt wilt stralen, kies je voor goud of zilver!

Wees creatief!

Er zijn in de loop van de geschiedenis en in uiteenlopende culturen verschillende stijlen verluchte letters ontstaan. Ze laten vaak dramatische lijnpatronen, planten, dieren en mythologische wezens zien. We geven je hier wat voorbeelden ter inspiratie.

Probeer er nu zelf een paar te creëren!

Hier is een compleet blackletteralfabet dat je kunt kopiëren of overtrekken. Op de bladzijde hiernaast is ruimte om te oefenen.

ABCDEFG
HIJKLMN
OPQRSTU
VWXYZ&?!

abcdefghij
klmnopqrs
tuvwxyz

Carpe diem

'Carpe Diem!' (Pluk de dag!) Deze woorden schreef Horatius, de beroemde Romeinse dichter, in 23 v.Chr., lang voor het gotische schrift in gebruik was. Maar deze inspirerende uitspraak geldt vandaag de dag nog steeds en is een geweldige manier om de blackletter uit te proberen.

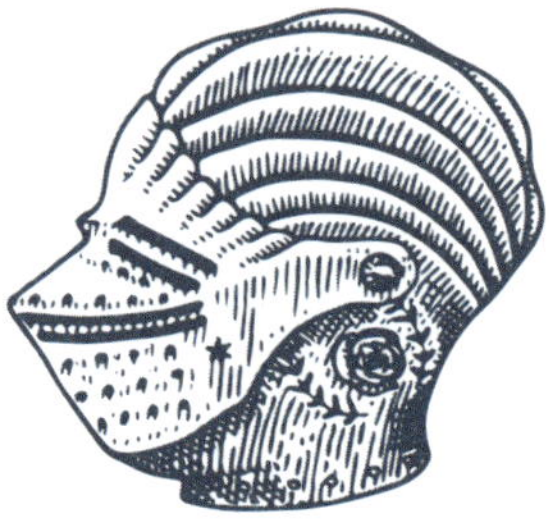

1. Teken een raster van hulplijnen om het ontwerp te maken. Arceer de letters grof door diagonale lijnen te schetsen alsof je contouren invult. Zoek naar plekken om krullen aan de letters te tekenen. (Je zult er verbaasd over zijn hoeveel krullen je kunt aanbrengen.) Houd de krullen open en helder om te voorkomen dat het te vol wordt.

2. Schets een kader rond de ruwe lettervormen en breng dikken en dunnen aan de uiteinden van de krullen aan. De subtitel onderaan moet contrasteren met de hoofdzin, dus laten we die wat oppeppen! Dit ontwerp hoeft niet complex te zijn; je kunt het simpel houden door een rand met krullen aan te brengen of slechts een krul aan de C en D te maken.

3. Als je de lettervormen met inkt wilt invullen, laat dan in het midden een smalle strook wit vrij voor een decoratievere uitstraling. Zo wordt het ontwerp lichter en stijlvoller. Maak het af door de schets met een (kroontjes)pen of stift over te tekenen en de potloodlijnen weg te gummen.

TIP

Houd de krullen open en helder, zodat het niet te druk wordt. Het gaat om de letters, niet om de krullen.

Pluk de dag en pak een potlood!

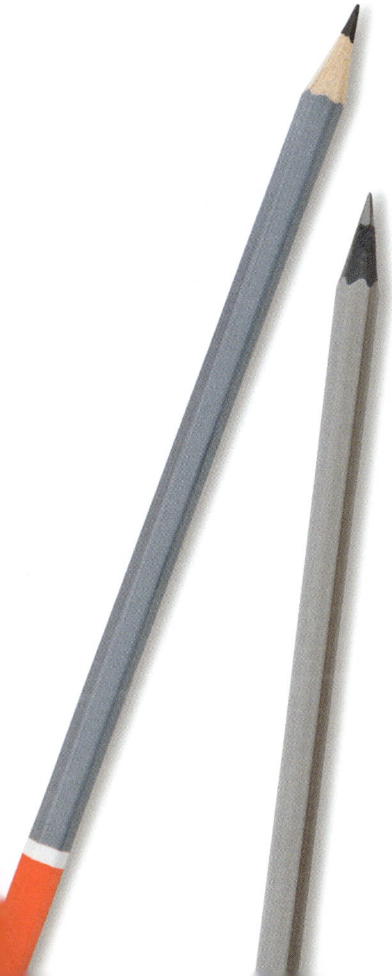

Sterk en moedig

Dit ontwerp is gemaakt in de oud-Engelse blackletterstijl, die scherper en hoekiger is dan andere blacklettervormen. Van oudsher staat deze oud-Engelse stijl voor kracht en moed, vooral van ridders en krijgers.

1. Schets de contouren van het schild en teken er hulplijnen in. Merk op hoe de gebogen letters het ontwerp kracht geven en goed passen binnen de vorm van het schild. Tijdens het handletteren zullen zich gelegenheden voordoen om mooie krullen aan te brengen. Je zou zelfs een klein symbool kunnen toevoegen, zoals de vereenvoudigde fleur-de-lis ('Franse lelie') onder aan het schild, als extra decoratie.

2. Teken een contour rond de ruwe lettervormen en breng dikken en dunnen aan in de krullen.

3. Maak de tekening af door de schets met een (kroontjes)pen of stift over te tekenen en een definitief schild te tekenen.

TIP

Je kunt dit ontwerp ook gebruiken voor andere korte citaten en gezegden die betekenisvol zijn voor jou.

Creëer je eigen riddersc hild!

De gebroeders Grimm

De twee broers Grimm publiceerden ooit *Kinder- und Hausmärchen* ('Kinder- en huissprookjes'), een verzameling van meer dan tweehonderd sprookjes die geldt als een van de invloedrijkste werken in de wereld. Het boek werd begin negentiende eeuw gedrukt, maar de verhalen die ze hadden verzameld, zijn veel, veel ouder. Het zijn vrij duistere verhalen, met horrorachtige elementen, waardoor het gebruik van het gotische schrift heel toepasselijk is voor een eerbetoon aan hun werk.

1. Teken een rechthoekig kader en basislijnen om je te helpen tijdens het schetsen. Er zijn een gebogen vorm voor 'TALES FROM' en een golvende banierachtige vorm voor 'Brothers' en rechte, parallelle lijnen voor 'The' en 'Grimm'. In dit ontwerp werken we met gotisch en middeleeuws schrift. Gebruik het middeleeuwse alfabet voor 'TALES FROM' en de lettervormen van het blackletteralfabet voor 'The Brothers Grimm', maar maak de lettervormen dunner en lichter voor deze alternatieve gotische stijl. Begin met het arceren van de ronde gotische tekst. Zoek naar mogelijkheden om krullen aan te brengen als kader rond je lettervormen, zoals in het voorbeeld.

2. Schets een contour rond de ruwe lettervormen en breng dikken en dunnen aan in de krullen. De krullen mogen elkaar en de letters overlappen, zoals boven de m van 'Grimm', maar zorg er wel voor dat de compositie duidelijk leesbaar blijft.

3. Maak het ontwerp af door de schets met een (kroontjes)pen of stift over te tekenen en de potloodlijnen uit te gummen.

Ga met hetzelfde enthousiasme als de gebroeders Grimm aan de slag!

TIP

> Zorg dat de krullen die je aanbrengt niet zo complex zijn dat het ontwerp slecht leesbaar wordt.

Het zwaard in de steen

'Hij die dit zwaard uit deze steen en aambeeld kan trekken, is de rechtmatige koning van Engeland.' Volgens de vijftiende-eeuws Engelse schrijver Thomas Malory ontdekte Arthur zo dat hij Uther Pendragons erfgenaam was, voorbestemd om koning te worden. Deze gebeurtenis geeft ons een mooie kans om gotische letters te tekenen.

TIP

Houd altijd een hard en een zacht potlood bij de hand. Harde potloden zorgen voor een lichtere lijn die ideaal is voor hulplijnen en schetsen, terwijl zachte potloden zorgen voor een donkerdere lijn die heel geschikt is voor meer gevorderd penwerk.

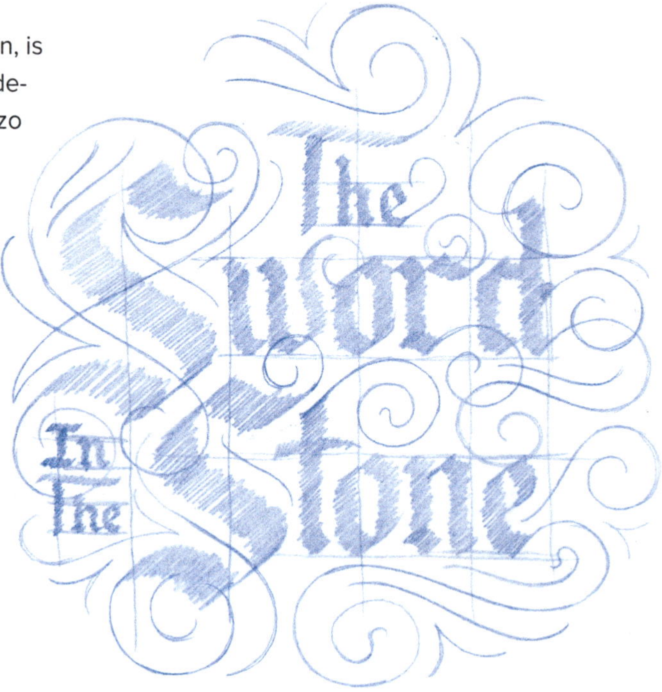

1. Dit is een wat meer gevorderd project waarbij de woorden in een onzichtbare cirkel staan. Het ontwerp is een soort puzzel en vereist een goede planning om alles passend te krijgen. Teken zoals gebruikelijk eerst alle hulplijnen.

2. Nu je de ruwe lettervormen en krullen hebt geschetst, gebruik je een zacht (donkerder) potlood om dikken en dunnen in de krullen aan te brengen. Werk de letters bij en zorg dat ze mooi bij elkaar staan. Maak beide S'en groot en sterk en probeer de krullen door de letters heen te laten lopen. Gum en teken net zo vaak als nodig is, tot het ontwerp helemaal goed is.

3. Nu je een gedetailleerde schets hebt, maak je het ontwerp af door er met een (kroontjes)pen of stift over te gaan en de potloodlijnen uit te gummen. Het moet een opvallend en rijkversierd ontwerp zijn: een mooie combinatie van koninklijke macht en de bijbehorende koninklijke, decoratieve allure.

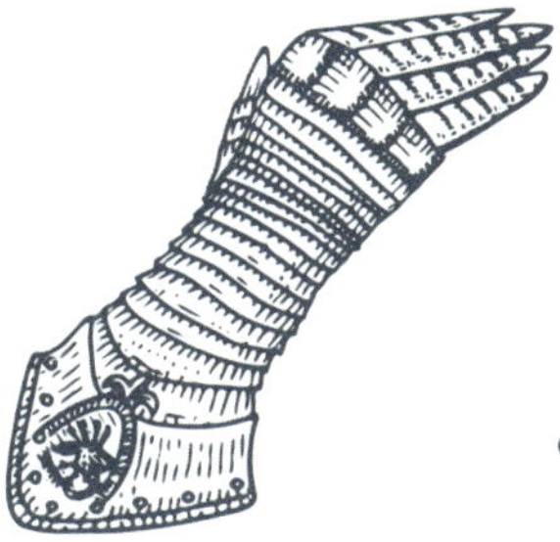

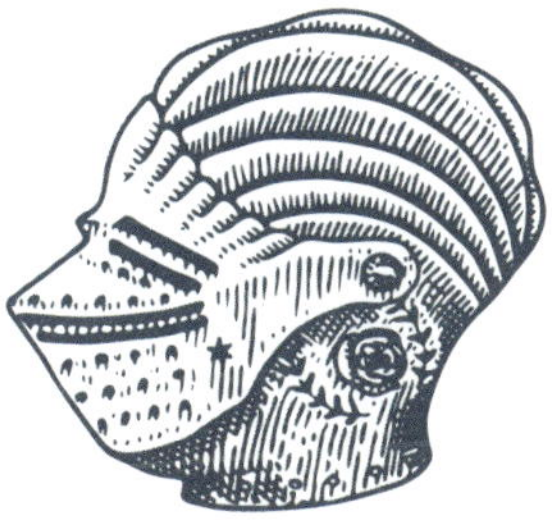

Nu is het jouw beurt om aan deze queeste te beginnen!

Blackletters zijn te vinden in koppen en logo's en op posters en reclameborden. Ze worden vaak gebruikt voor officiële documenten of diploma's, om ze gewicht en importantie te geven. Je hebt de blackletter waarschijnlijk wel gezien in kranten, zoals in de voorbeelden hieronder.

Gebruik de sjablonen hieronder om je eigen krant voor je familie, school of team te maken.

Gefeliciteerd! Je bent een heel eind op weg om een meester in het middeleeuwse en gotische handletteren te worden. Je moet bij deze stijlen zo sierlijk mogelijk te werk gaan, dus blijf experimenteren en oefenen en laat je fantasie de vrije loop!

TEKEN-FILM

STRIP &

GRAFFITI

TEKENFILM, STRIP & GRAFFITI

Handletteren hoeft niet alleen serieus en aan regels gebonden te zijn; het kan ook leuk, creatief en grappig zijn! Ontdek de alternatieve wereld van het handletteren voor tekenfilms, strips en graffiti, waar eigenlijk alles kan en mag. Deze enorm populaire stijlen zijn overal te zien: in stripboeken, tekenfilms en street art.

Tekenfilm

Tekenfilms werden aan het begin van de twintigste eeuw ontwikkeld en er volgde al snel een bijpassende letterstijl. Tekenfilmletters spelen op grappige en vernieuwende manieren met vormen en de betekenis van woorden, iets wat ook in stripboeken gebeurt. Eind jaren tachtig volgden gedigitaliseerde lettertypes. Ze werden populair, maar zijn niet zo veelzijdig als de originele handgeletterde varianten. Tekenfilm- en stripletters zijn ideaal voor elk project waarin je een grappige sfeer wilt creëren.

Strip

Stripletters zijn veel ouder dan de bekende strips van nu. De stijl is al honderden jaren oud en werd destijds gebruikt in tekstballonnen van spotprenten en advertenties. Tot de jaren tachtig tekenden de meeste striptekenaars de letters direct op de getekende bladzijden van het stripboek, voor ze deze met inkt inkleurden. Omdat strips een bewegend verhaal zijn, ontwikkelen hun letters zich ook om uitdrukking te geven aan het verhaal: zo kan 'snel' worden uitgerekt tot lange, cursieve letters, terwijl 'dik' er plomp en gedrongen uit kan zien. Vandaag de dag worden de meeste stripletters digitaal gemaakt. Je kunt de originele en persoonlijke tekenfilm- en stripletters gebruiken om verjaardagskaarten, folders en boekomslagen (en natuurlijk strips!) een speciaal en origineel uiterlijk te geven.

graffiti

Graffiti is al zo oud als het schrift, met voorbeelden in het oude Egypte en Rome. Deze van oorsprong illegale letterstijl is in de loop van de tijd steeds populairder en zelfs commercieel geworden. Aan het einde van de jaren zestig zagen we graffiti verschijnen in New York op metro's, bruggen, gebouwen, muren en verlaten industrieterreinen – eigenlijk overal dus! De kunstvorm werd een symbool van het moderne stadsleven. Nu wordt graffiti vaak in opdracht gemaakt op lege muren en voor bedrijven, zoals cafés. Het is een uitdrukkingsvorm zonder beperkingen die in eindeloos veel stijlen voorkomt die voor niet-ingewijden vaak een raadsel zijn. De graffitistijl geeft letters levendigheid en spanning, en karakteristiek is het ontbreken van regels. Het is een geweldige handletterstijl om te gebruiken als je zelf posters of labels maakt.

Deze fantastische, alternatieve stijlen zitten barstensvol plezier en nieuwe technieken. Laten we aan de slag gaan!

BUBBEL

Hier is een compleet bubbelalfabet in stripstijl dat je kunt kopiëren of overtrekken.
Op de bladzijde hiernaast is ruimte om te oefenen.

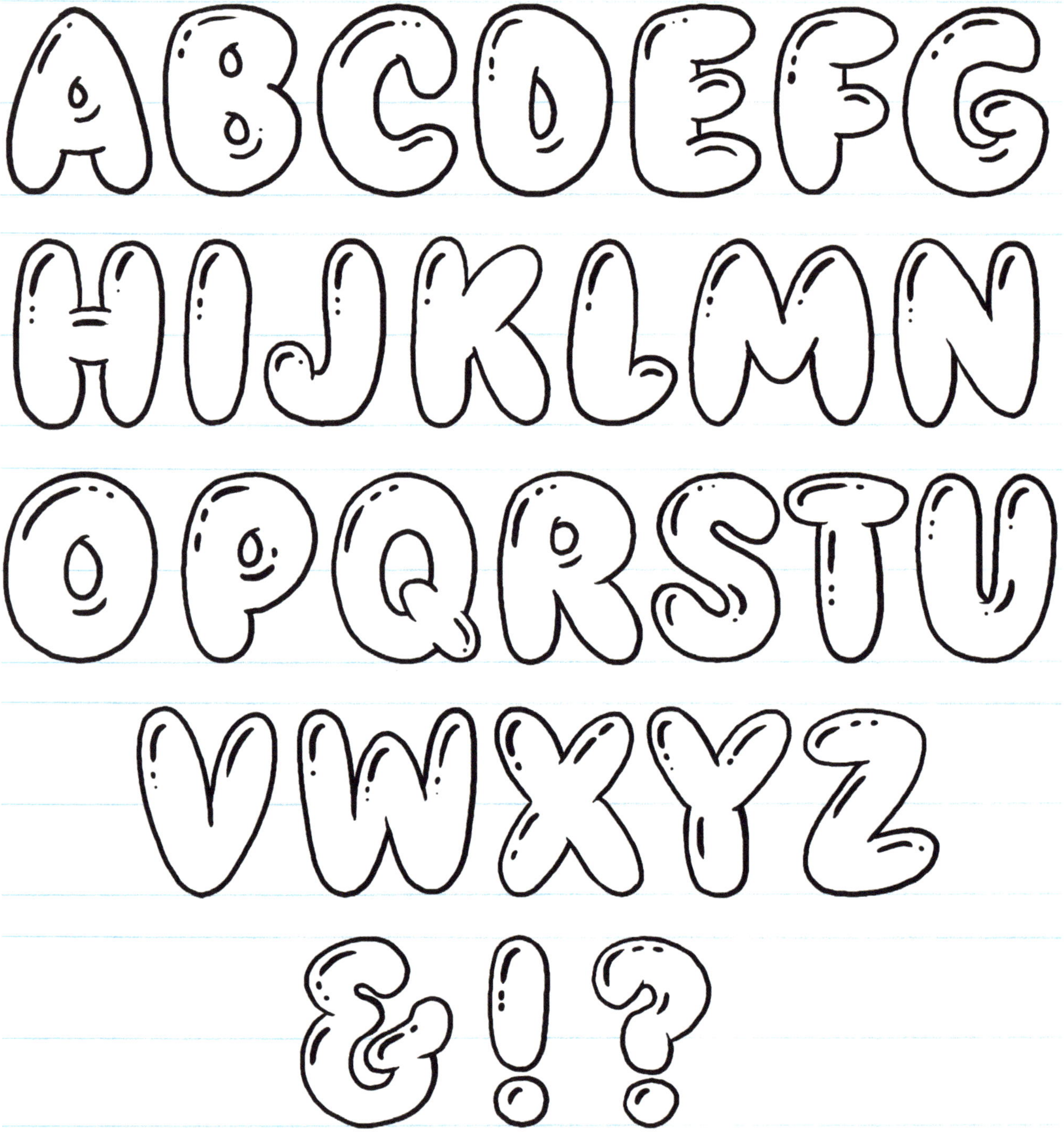

WEGZWEVEN

Als het uiterlijk en de sfeer van je letters de betekenis van de woorden weergeven, worden ze bijna een plaatje van je boodschap. De letters van 'FLOAT AWAY' zijn zo getekend dat ze lijken op wegzwevende ballonnen.

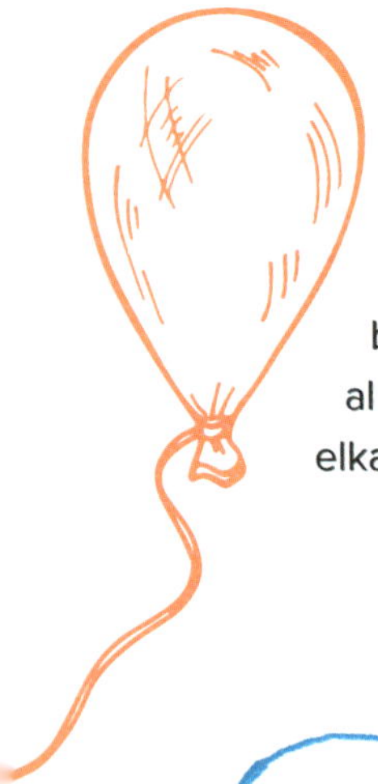

1. Dit luchtige project heeft geen hulplijnen nodig, omdat het een losse opzet heeft. De letters beginnen op twee verschillende basislijnen en zijn allemaal anders gepositioneerd. Dat draagt bij aan het idee dat de letters zweven. Schets de letterskeletten licht en laat voldoende ruimte over voor de bolle ballonvormen. Je moet de letters misschien al schetsend iets opschuiven, maar ze mogen elkaar wel licht overlappen.

2. Gum de skeletletters en overlappende contouren uit en wel zo dat sommige letters naar voren komen, terwijl andere wat terugwijken. Er ontstaat een idee van diepte door de letters eruit te laten zien als 3D-ballonnen die voor elkaar zweven.

3. Teken accenten en stippen in de rondingen van de letters. Zo lijkt er licht te weerkaatsen van het glanzende oppervlak van de ballon. Je kunt de letters er nog meer als ballonnen uit laten zien door er knoopjes en touwtjes aan te tekenen. Je hoeft dat niet bij de letters te doen waarvan de onderkant wordt bedekt door een andere letter.

4. Teken de letters over met (kroontjes) pen of stift en gum de potloodlijnen uit. Je kunt ze ook overnemen met behulp van overtrekpapier (dat kun je bij alle projecten in dit hoofdstuk doen, zodat je op schoon papier verdergaat). Als je het ontwerp naar een hoger niveau wilt tillen, gebruik dan stiften of kleurpotloden om stippen, strepen en schaduwen aan te brengen op de ballonnen.

TIP

Probeer eens alternatieven voor dit zwevende ontwerp. Misschien kun je de ballonletters steeds hoger laten zweven in een diagonale lijn omhoog.

Nu is het jouw beurt om wat letterideeën te laten rondzweven!

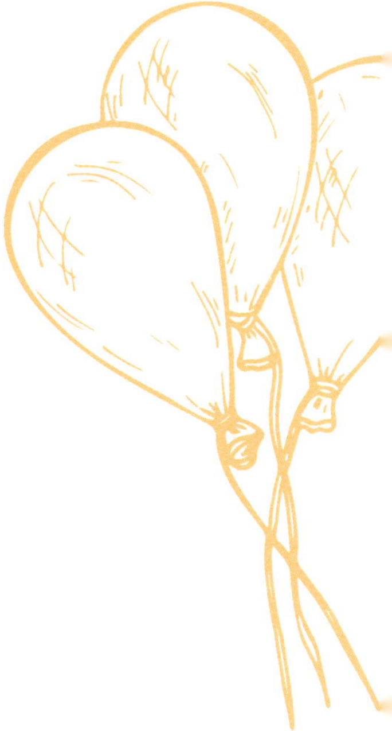

WEES CREATIEF!

Het is geweldig om grappige zinnen in tekenfilmstijl te tekenen en ze heel veel verschillende stijlen en effecten te geven. Hoeveel ideeën kun jij verzinnen?

Teken je naam in zoveel mogelijk grappige stijlen. Combineer ze: maak sommige letters dik en opvallend, andere dun of gekruld en weer andere recht. Voeg aan sommige letters patronen of strepen toe en kleur andere in. Je kunt een letter zelfs veranderen in een figuurtje dat past bij de vorm: maak van een O bijvoorbeeld een smiley en van een Y een monster met opengesperde bek. Het gaat erom dat elke letter anders is. Gebruik de bladzijde hiernaast om te oefenen met verschillende ideeën.

Hier is een compleet stripalfabet dat je kunt kopiëren of overtrekken.
Op de bladzijde hiernaast is ruimte om te oefenen.

ABCDEFG

HIJKLMN

OPQRSTU

VWXYZ

&!?

Shh!

BANG!!!

ULTIEME WREKER

Niet alle strips zijn gebaseerd op humoristische tekenfilms: veel boeken vertellen avontuurlijke verhalen waarin superhelden, detectives of ruimteschepen voorkomen. Deze strips hebben een heel andere sfeer dan de komische strips en verdienen dan ook een sterkere en krachtigere letterstijl.

1. Teken licht twee licht gebogen, hellende rechthoeken als hulplijnen voor de letters.

2. Teken eerst de letterskeletten en vorm er dan een superheldenstijl omheen. Merk op hoe stoer deze stijl is, wat betekent dat hij er zwaar uitziet met brede lettervormen. Blijf binnen de hulplijnen en zorg dat de letters rechtop staan. Als je tevreden bent over het ontwerp, kun je de skeletten uitgummen.

3. Je kunt de blokletters nu een 3D-effect geven, zodat ze nog steviger zijn en nog meer effect hebben op het totale ontwerp. Teken diagonale lijnen en geef de letters zijkanten, waarbij je steeds dezelfde hoek gebruikt, zodat de diepte overal dezelfde is. Je kunt ook nog een gebogen lijn parallel aan 'ULTRA' en boven 'AVENGER' tekenen, als hulplijn om de letters allemaal even groot te maken.

4. Om 'ULTRA' meer op te laten vallen voeg je een binnenlijn toe (een lijn in een contrasterende kleur aan de binnenkant van de lettercontour). Kleur de zijkanten van de letters in of geef ze een schaduw en laat de bovenkant wit. Door gestileerde witte strepen aan de schaduwzijden toe te voegen ontstaat er een coole superheldenlook.

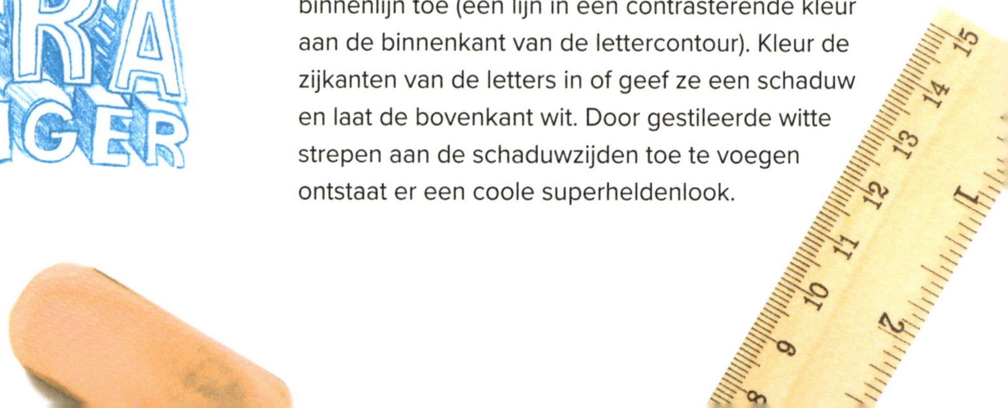

5. Teken de schets tot slot over met (kroontjes)pennen of stiften en breng de contrasten aan (zie voorbeeld). Gum de potloodlijnen uit. Om het ontwerp nog opvallender te maken kun je wat kleur aan de woorden toevoegen. Gebruik een lichte tint, zodat ze nog steeds goed leesbaar zijn. Je zou bijvoorbeeld voor de kleuren van het kostuum van je favoriete superheld kunnen kiezen!

TIP

Vergeet niet om je ponsen (gaten in letters, zoals de A en R) in blokletterstijl te maken of er schaduwen in aan te brengen als je ze in 3D tekent. Anders klopt het ontwerp niet.

Let's go, superhelden! Laten we gaan handletteren!

Een van de leukste dingen van stripletters is het creëren van nieuwe letters met versieringen die bijdragen aan de betekenis of sfeer van het woord. Laten we op onderzoek uitgaan en oefenen met deze grappige effecten.

Speciale effecten toevoegen

Je kunt druppels onder, rond en in de letters aanbrengen om ze aantrekkelijker te maken. Overdrijf echter niet: te veel druppels kunnen van je ontwerp een rommeltje maken. Minder is meer.

Diepte creëren

Accentueer de letters door er diepte omheen te creëren – dat ziet er bij bijna elke stijl goed uit. Speel met de richting van de schaduw en met de mate van overdrijving (hoe ver hij uitsteekt of hoe donker hij is) om te zien wat voor effecten je kunt creëren. Door diepte aan te brengen bij bijvoorbeeld de bubbelletters zorg je ervoor dat ze er nog boller en vriendelijker uitzien.

Bewegingslijnen

Bewegingslijnen kunnen de letters de illusie van beweging en snelheid geven. Kies de richting waarin je wilt dat de letters bewegen en teken dan bewegingslijnen in de tegenovergestelde richting. Dit is een geweldige manier om te suggereren dat een superheld naar voren snelt!

Flitsende vormen

Als je een woord wilt accentueren, probeer er dan eens vormen of lijnen omheen te tekenen die eruitzien als bliksemflitsen. Je kunt nog verdergaan en achter het ontwerp een vorm tekenen, zoals deze puntige 'geluidsballon'. Dit alles geeft het effect van de energie en elektriciteit van een ontploffing.

STRIPEFFECTEN

Geluidseffecten zijn een vast onderdeel van tekenfilms en strips. Het belang ervan wordt vaak onderschat, maar ze bieden handletteraars een geweldige kans om creatief te worden met expressievormen en ze zijn ontzettend leuk om aan tekeningen en ontwerpen toe te voegen.

1. Teken een hellende, licht gebogen rechthoek als hulplijn voor je tekst. Teken de tekst 'AHHHH' als skelet en laat voldoende ruimte over tussen elke letter. Ben je tevreden over de compositie, teken dan de letters rond de skeletten.

2. Gum de skeletten, overlappende lijnen en rechthoek uit. Geef de letters dimensie door er zij- en onderkanten aan te tekenen. Gebruik consequent dezelfde invalshoek.

3. Maak de tekening af door de schets met een (kroontjes)pen of stift over te tekenen en de potloodlijnen uit te gummen.

Nu is het jouw beurt om letterlawaai te maken!

Bedenk geluiden en probeer dat geluid te vangen in je letterstijl. Dit soort woorden wordt 'onomatopee' genoemd. Probeer enkele van deze woorden in de vormen hier beneden te tekenen. Gebruik de voorbeelden als inspiratiebron.

Hier is een compleet graffiti-alfabet dat je kunt kopiëren of overtrekken.
Op de bladzijde hiernaast is ruimte om te oefenen.

FRIS

Graffitischrift is leuk, wild en expressief. Het is ideaal voor het creëren van een spannende tekst.

1. Teken de letterskeletten licht en begin dan elke letter eromheen op te bouwen. Laat de letters elkaar overlappen, want dat zorgt voor een dynamische sfeer.

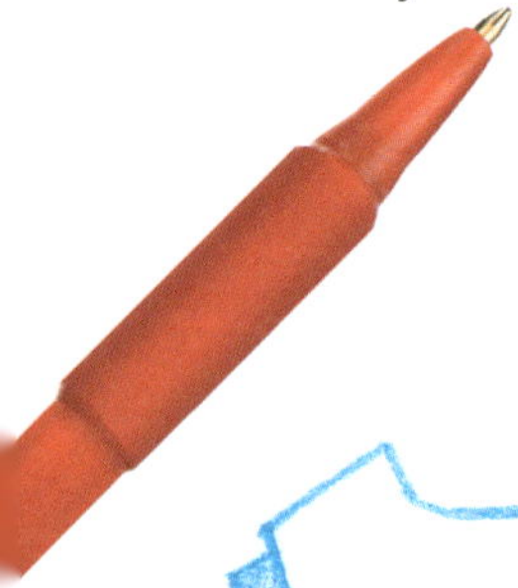

2. Gum de letterskeletten en overlappende lijnen uit. Om de letters een gevoel van diepte te geven breng je erachter een slagschaduw aan, die je vervolgens inkleurt.

3. Breng een contourlijn aan rond het hele woord die de contouren van de letters volgt. Breng meer effecten aan, zoals een gespikkeld patroon in de letters. Kleur de letters van onderaf in en laat de kleur naar boven toe steeds lichter worden.

4. Maak de tekening af door de schets met een (kroontjes)pen of stift over te tekenen en let op de verschillende tinten die je kunt zien. Gum de potloodlijnen uit. Gebruik stiften of kleurpotloden om meer diepte aan te brengen door de buitenste contour in te kleuren. Je kunt dit ontwerp vergroten naar posterformaat en in huis ophangen.

Nu ben jij aan de beurt om iets fris te maken!

TIP

Maak de graffitiletters nog opvallender door ze in te kleuren met de felste, trendy kleuren die je kunt vinden.

FREESTYLE

In dit project dansen de letters op bijna driedimensionale wijze om elkaar heen. Het ziet er misschien moeilijk uit, maar als je elke fase nauwkeurig volgt, lukt het zeker.

1. Teken de letterskeletten licht en laat sommige letters overlappen. Voeg pijlen en accenten toe, zodat ze spannender worden en beweging krijgen.

2. Breng dunne blokken aan rond de letterskeletten en teken pijlpunten aan sommige stokken en staarten. De overlappende letters worden extra leuk als je ze in elkaar laat grijpen, zoals je ziet bij de T en Y.

3. Gum de skeletten uit en teken dan een slagschaduw achter elke letter. Dat kan wat verwarrend zijn, dus teken licht en probeer consequent vanuit dezelfde invalshoek te werken.

TIP

Creëer een streetstyle-effect door kapitalen en kleine letters door elkaar te gebruiken in één woord.

4. Teken het ontwerp over met een (kroontjes)pen of stift en gum potloodlijnen uit. Je kunt het ontwerp ook overnemen op overtrekpapier. Kleur de slagschaduw in met een donkerdere kleur en teken een vorm achter het woord. In dit geval is gekozen voor een pixelachtig effect. Gebruik stiften en kleurpotloden om het ontwerp kleur te geven.

Breek met de regels en creëer je eigen graffitiletters!

Een geweldige oefening om 'erin te komen' is het tekenen van afzonderlijke letters in zoveel mogelijk stijlen: gebruik slagschaduwen, hooglichten en/of arcering, laat je letters in verschillende richtingen draaien, enz. Op deze manier word je een veelzijdige handletteraar en zal je werk er spannender uitzien. Kijk goed naar deze voorbeelden en ga dan zelf aan de slag met tekenfilm-, strip- en graffitiletters.

VRIJHEID IS EEN LEEG VEL PAPIER

PROJECTINSPIRATIE

Combineer verschillende letterstijlen van verschillende diktes in een ontwerp om een dynamische en opvallende boodschap uit te dragen. In dit ontwerp zijn tekenfilm-, strip- en graffitiletters gebruikt ter inspiratie. Maak eerst een raster en teken de zin er licht in voor je begint. Probeer een evenwichtige compositie te maken en benadruk de belangrijke woorden. Weg met de twijfel, gewoon doen!

KRIJT
BORD
technieken

KRIJTBORD *technieken*

Krijtletteren is ontzettend leuk en supereenvoudig. Hier volgen enkele stap-voor-stap-voorbeelden en foto's om je te inspireren en te begeleiden. Wat kan er nou eenvoudiger, goedkoper en artistiek bevredigender zijn? Ga aan de slag en kom er zelf achter!

Wat is krijtletteren?

Krijtletteren kan er moeilijk uitzien, maar is verraderlijk eenvoudig. De methoden die je in dit hoofdstuk leert, laten je de basis zien en geven je steeds meer zelfvertrouwen, zodat je al snel in staat bent om fantastische kunstwerken te maken. Wees niet teleurgesteld als het er eerst niet 'perfect' uitziet. Het leuke van krijtletteren is dat het er persoonlijk en handgeschreven uit moet zien. Met alle kleine verschillen in je ontwerp versterk je deze kwaliteiten alleen maar. Je zult bij elk krijtbord dat je vult beter worden. Bovendien kun je een fout eenvoudig wegvegen en opnieuw beginnen.

Dit hoofdstuk laat zien hoe je prachtige krijtkunst kunt maken die niet alleen praktisch is (zoals borden of geheugensteuntjes), maar vooral je huis opvrolijkt! De belangrijkste tip voor mooie krijtkunst is om er plezier aan te beleven en je persoonlijkheid te laten zien. Streef ernaar om elk ontwerp persoonlijk en uniek te maken en je zult je in no time een professional voelen.

Waarvoor wordt krijtletteren gebruikt?

Omdat het zo'n eenvoudige, leuke en goedkope hobby is, is krijtletteren de afgelopen tijd echt een trend geworden. Dat is grotendeels te danken aan populaire designwebsites, waar mensen kunstwerken kunnen laten zien aan andere hobbyisten in de hele wereld. Op het internet kun je andere krijtletteraars en trends vinden als inspiratiebron.

Let op hoe krijtletteren wordt gebruikt voor borden bij evenementen en voor het menu in restaurants en cafés. Je kunt het in en rondom je huis gebruiken; denk aan mooi ontworpen borden voor berichten of planningen, of maak borden voor je slaapkamer waarop je berichten en notities kunt schrijven. Maar ook buitenshuis is krijtletteren handig, bijvoorbeeld voor het aankondigen van evenementen. De krijtlettermogelijkheden zijn eindeloos, maar enkele van de beste ideeën worden in dit hoofdstuk voor het voetlicht gebracht.

Materialen

Je hebt maar een paar spullen nodig om te kunnen beginnen:

- krijt (wit en/of gekleurd)
- puntenslijper met twee gaten (het grote gat wordt gebruikt om het krijtje een scherpe punt te geven)
- krijtpennen (verschillende kleuren) – ze worden ook wel 'krijtstiften' genoemd en worden gebruikt voor meer permanente ontwerpen. Krijtpen kan meestal worden verwijderd met een natte doek, maar het kan lastig zijn om alle resten te verwijderen!
- doeken (zowel nat als droog)
- wattenstaafjes (voor het uitvegen van kleine details)
- potlood
- papier
- liniaal
- gum
- bordveger

Maak je op voor heel veel krijtstof!

KRIJT
GUM
WATTEN-
STAAFJES
DOEK
GEKLEURD
KRIJT
POTLOOD

Voorbereiding & technieken

Begin met het voorbewerken van het krijtbord. Dit voorkomt dat er markeringen zichtbaar blijven na het wegvegen. Je kunt het bord het best buiten voorbewerken omdat er heel veel krijtstof bij vrijkomt. Het is overigens niet noodzakelijk om je krijtbord voor te bewerken als je voor meer contrast de voorkeur geeft aan het diepe zwart van het bord.

Het voorbewerken van het krijtbord: ga op zoek naar een hard oppervlak, zoals een buitenmuur, en wrijf je krijtje er gelijkmatig over, zodat de glanzende buitenlaag eraf wordt gehaald. Wrijf dan met de zijkant van het krijtje gelijkmatig over het hele krijtbord. Als het bord helemaal bedekt is met krijt, gebruik je een bordveger of droge doek om alles weg te vegen. Het bord ziet er nu iets grijzer uit, maar is wel een stuk makkelijker te gebruiken.

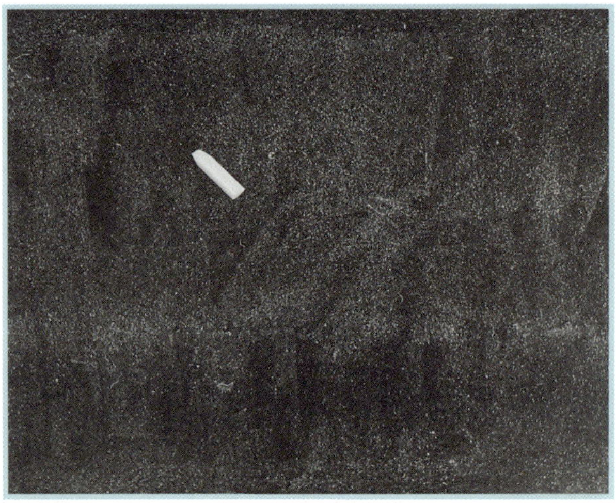

Als het krijtbord voorbewerkt is, leg je alle spullen klaar en zoek je een plat oppervlak en goed licht om in te werken. Neem een ontspannen houding aan en houd wat vellen papier bij de hand, zodat je ontwerpen kunt uitproberen als je inspiratie krijgt. Door je ontwerp eerst uit te werken in plaats van direct op het krijtbord te tekenen, wordt het proces wat minder spannend. Zoals je al weet kan handletteren worden verdeeld in drie categorieën. Laten we zien hoe dat werkt bij krijtletteren.

Schrijfletter

Schrijfletters zijn perfect voor krijtborden die er 'mooi' uit moeten zien voor bijvoorbeeld een feestje. Moderne kalligrafische letters zien er heel goed uit op een krijtbord omdat ze modern en vintage combineren en gemakkelijk te creëren zijn.

Schreefloos

Dit is heel eenvoudig te creëren op een krijtbord, omdat het gewoon schrijven is, maar dan met krijt. Gebruik schreefloos om krijtletters een moderne uitstraling te geven. Het ziet er ook goed uit in een ontwerp met meerdere letterstijlen.

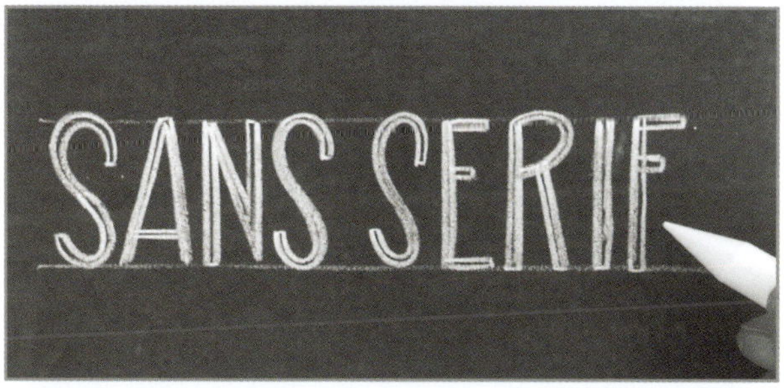

Met schreef

Eenvoudig te maken, omdat je gewoon 'voetjes' aan je letters geeft. Schreefletters hebben een meer vintage uiterlijk (denk aan oude kranten), maar kunnen er heel elegant uitzien als je ze op een krijtbord combineert met schrijfletters.

Binnen deze drie hoofdgroepen is heel veel ruimte voor persoonlijke invulling en variatie. Het beste aan krijtletteren is dat het ontwerp uniek is omdat niemand anders de letters op precies dezelfde manier tekent. Krijtletteren is dus een geweldige manier om je persoonlijke flair te laten zien! Een handige tip, ongeacht de stijl die je kiest: werk na het aanbrengen van de hulplijnen van boven naar beneden op het bord. Niets is vervelender dan een mooi woord te hebben getekend onder op het bord en er dan met je hand over te vegen... waarna je opnieuw kunt beginnen. Het is ook een goed idee om van links naar rechts te werken, zodat je voldoende ruimte kunt creëren voor elke letter. Als je linkshandig bent, kan het een goed idee zijn om je linkerhand onder de letterregel te ondersteunen met je rechterhand, zodat je de regel niet uitveegt tijdens het werken.

TIP

Een natte doek helpt je om fouten weg te vegen, maar houd wel een kom met water bij de hand om de doek in uit te spoelen; zo voorkom je dat je het bord schoonveegt met een vieze doek.

De lay-out aanbrengen

Het is altijd verstandig om in het begin een paar kleine schetsen te maken met potlood op papier. Zo krijg je een idee van hoe het krijtbord eruit gaat zien voor je begint.

Laten we samen oefenen. Neem een citaat dat je wilt tekenen (korter is meestal beter als je beginner bent) en maak drie tot vijf kleine schetsen op papier. Kies de belangrijkste woorden in de zin en accentueer ze.

Denk na over de verschillende letterstijlen (maximaal drie, zodat het niet te druk wordt) en de toon die je wilt gebruiken. Elegante schrijfstijlen werken bijvoorbeeld goed voor evenementenborden, terwijl een spookachtige stijl het best werkt voor een halloweenbord.

Als je een aantal schetsen hebt gemaakt en een goed idee hebt van hoe je je bord wilt vormgeven, ga je naar het krijtbord.

Schets de basislay-out op het krijtbord om ervoor te zorgen dat alles past, gecentreerd is en de juiste verhoudingen heeft. Schets altijd licht, vooral als je hulplijnen of de basale contouren van de letters tekent. Krijt is gemakkelijk uit te vegen als je een fout maakt, maar bedenk dat je beter een letter voorzichtig kunt opbouwen door een aantal keren over dezelfde lijn te gaan dan dat je fouten wegveegt die dik getekend zijn.

Als je de hulplijnen op het bord hebt gezet, kun je letters gaan aanbrengen en deze gewicht geven en versieren. Omdat krijt dikker is dan potlood, moet je voldoende ruimte tussen de letters openlaten, vooral als je schreefletters en decoratieve elementen zoals schaduwen wilt toepassen. Je zult regelmatig elementen moeten uitvegen en onthoud dat je altijd een wattenstaafje kunt gebruiken om foutjes weg te halen. Geef niet op; fantastische krijtborden zijn de moeite van het proberen waard!

TIP

Zorg dat je ontspannen bent en het krijtje losjes vasthoudt als je ermee tekent of het slijpt. Krijt breekt heel snel en je raakt alleen maar gefrustreerd van een stapel gebroken krijtjes die te klein zijn om vast te houden.

Effecten en decoraties

Als je effecten en decoraties aan je krijtletters toevoegt (zoals schaduwen, tekstdecoraties, krullen, versieringen, bloemen en randen), is het belangrijk om te onthouden dat krijt een dikkere lijn maakt dan potlood. Je zult dus extra ruimte moeten openlaten tijdens het tekenen van het ontwerp omdat het er anders te druk uit zal zien.

Net als bij alle vormen van handletteren geldt ook hier dat schaduwen er alleen goed uitzien als je ervoor zorgt dat de lichtbron uit dezelfde hoek komt. Voor alle versieringen hieronder geldt dat de lichtbron zich rechts van de letter bevindt (zie de zon naast de A), zodat de schaduw zich altijd links bevindt. Er zijn veel verschillende manieren om schaduwen met krijt te tekenen, van een eenvoudige lijnschaduw (A en D) tot een ingevulde schaduw (C) en een gearceerde schaduw (B), maar je kunt ook een combinatie proberen.

Tekstdecoraties zijn vaak versieringen die je in letters aanbrengt om ze meer 'persoonlijkheid' te geven – voorbeelden D en E laten twee varianten zien. Experimenteer gewoon en verzin er nog veel meer (vooropgesteld natuurlijk dat je er voldoende ruimte voor hebt opengelaten in de letters). Als je gaat versieren, vergeet dan niet de punt van het krijtje scherp te houden, zodat je die fijnere lijnen heel precies kunt tekenen.

Versieringen

Versieringen rond de letter(s) kunnen heel goed werken om het gehele ontwerp te decoreren en accentueren, zoals met bloemen, pijlen, kaders en banieren. De voorbeelden op deze en de volgende bladzijde laten enkele eenvoudige maar effectieve decoraties zien om mee te oefenen.

Bloemen

Pijlen

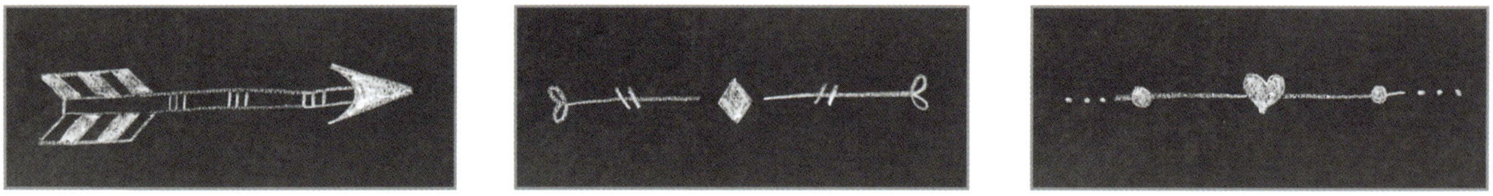

3. Als je het hele ontwerp hebt overgenomen, verwijder je het papier. Er moeten nu lichte contouren van krijt op het bord zichtbaar zijn. Trek ze over met krijt of een krijtpen om het af te maken. Krijtpennen worden meestal gebruikt om het ontwerp 'vast te leggen' omdat ze helderder zijn en langer op het bord blijven zitten. Als je krijt gebruikt en je wilt het extra laten opvallen, kun je de punt van het krijt in een druppel water houden voor je ermee tekent. Dit vergt misschien enige oefening, want als je te veel water gebruikt, raakt het krijt doorweekt.

4. Soms is het nodig enkele delen van het ontwerp schoon te maken. Dat kun je doen met een natte doek of een wattenstaafje dat je kort in water hebt gedoopt.

TIP

Als je krijtpennen gebruikt, zullen ze onvermijdelijk tijdens het tekenen wat krijtstof opnemen. Je moet deze pennen zo nu en dan wat rust geven om te voorkomen dat ze verstopt raken en het niet meer goed doen.

Eet, drink & wees vrolijk

Deze vrolijke boodschap past heel goed bij een speciale feestdag, een feestje of een uitnodiging voor een etentje met vrienden.

1. Neem het krijtbord en een geslepen krijtje en teken heel licht wat hulplijnen. Voor dit project tekenen we een cirkel met daarin een horizontale en verticale lijn om het midden aan te geven.

2. Teken de basislijnen voor de letters. Doe dat heel licht, slechts met de punt van het krijtje, om eventuele fouten gemakkelijk te kunnen wegvegen. Denk aan de omvang en verhoudingen van de woorden ten opzichte van elkaar en ook aan de ruimte tussen de letters en woorden. Plaats het midden van elk woord op de verticale lijn en werk van daaruit naar buiten. ‘EAT’, ‘drink’ en ‘BE MERRY’ zijn de belangrijkste woorden, dus teken ze groot in een schreefloze stijl die de hele cirkel vult om alle aandacht op zich te vestigen. Omdat ‘drink’ over vloeistof gaat, maak je deze letters vloeiender.

3. Als je tevreden bent over het ontwerp (de plaatsing, hoe het eruitziet, enz.), vul je de letters in. Het is nog steeds verstandig om licht te tekenen – het is namelijk gemakkelijker om de letters op te bouwen dan om een fout te verwijderen.

4. Als je tevreden bent over de letters, kun je decoraties toevoegen. Voor dit kerstbord zijn een krans, hulst en sterren gebruikt. Door de versieringen als laatste toe te voegen, kun je de ruimte optimaal gebruiken voor de letters zonder afgeleid te worden door de decoraties. Let erop dat je niet met je handen over de letters gaat die je al hebt getekend; je wilt ze immers niet uitvegen. Nu alles klaar is, kun je je krijtkunst vol trots aan iedereen laten zien.

TIP

Er zijn honderden manieren om te krijtletteren. Als je vastloopt, moet je gewoon om je heen kijken voor inspiratie: in boeken, tijdschriften, op tv, enz. of kijk eens op internet.

Sweet 16 zwemfeest

Het is tijd om je kunst aan de straat te tonen (of in elk geval naar buiten te brengen). Vraag eerst toestemming (heel belangrijk), pak dan je krijtjes en gebruik de muren en stoepen als krijtbord. Laat je kunst aan de wijde wereld zien.

1. Omdat je voor dit project buiten werkt, moet je de ondergrond iets bewerken. Als je op een bakstenen muur gaat werken, verwijder je vuil en spinnenwebben met een bezem.

2. Teken het ontwerp licht met krijt op de muur. Gebruik geslepen krijtjes, want die laten een lichtere lijn achter. Als je al een groot ontwerp hebt getekend, kun je dit met behulp van de transfertechniek op de muur overbrengen. Als je uit de hand werkt, breng je je ontwerp licht aan en gebruik je een natte doek om eventuele fouten weg te vegen.

3. Zodra je tevreden bent over de tekening, vul je de letters in. Slijp het krijtje steeds, zodat je een scherpe punt hebt om mee te werken; laat je niet afleiden door de verschillende oppervlakken van de muren en stoepen. Werk ook nu van boven naar beneden en van links naar rechts. Het oppervlak is niet gelijkmatig, maar dat geeft niet. Ga gewoon door; dat hoort bij het karakter van het ontwerp.

4. Als je tevreden bent over de letters en het ontwerp, gebruik je een natte doek om eventuele fouten weg te vegen. Omdat de oppervlakken waarop je werkt niet glad zijn, zal de doek veel natter moeten zijn dan normaal. Maar pas op dat hij niet zo nat is dat hij druipt en het ontwerp verpest, tenzij dat de bedoeling is en je het idee van een zwemfeestje extra wilt benadrukken! Nadat je je ontwerp hebt opgeschoond, kun je extra decoraties aanbrengen als je wilt. Je hebt nu buiten een prachtig handgeletterd ontwerp gemaakt – geweldig voor een zwemfeestje of barbecuefestijn.

TIP

Je hebt voor dit buitenproject meer krijt dan normaal nodig, omdat je op een ruwere ondergrond werkt. Zorg dus dat je veel krijtjes bij je hebt. Ik had er minstens vier nodig.

Het avontuur begint

Speciale gelegenheden zijn de ideale kans om een spectaculair krijtbord te maken. Het is ook een geweldig cadeau als je het voor iemand anders maakt als bijdrage aan zijn of haar speciale dag. Zet het bord op een prominente plaats om de gelegenheid aan te kondigen – een strandfeest, tuinfeest, barbecue of sportdag. Dit voorbeeld is voor een trouwfeest. Het zou het eerste kunnen zijn dat de gasten zien en bovendien is het een perfect huwelijkscadeau!

1. Neem een voorbewerkt krijtbord en een geslepen krijtje en breng de opzet licht aan. Voor dit ontwerp tekenen we een centrale banier en wat andere hulplijnen voor de overige letters. Laat wat ruimte open voor een eenvoudig maar lieflijk kader rond de namen van het bruidspaar. Teken zo licht dat je eventuele fouten gemakkelijk kunt uitvegen. En ook nu weer moet je je krijtje tijdens het werken regelmatig slijpen om een strakke lijn te kunnen blijven tekenen.

2. Breng de opzet van de letters aan en houd rekening met tussenruimte, formaat en verhoudingen. Teken voor een minder formele draai aan het geheel het onbelangrijke woordje 'and' heel groot boven aan het krijtbord. Het roept de sfeer op van een romantische, doorlopende reis én van een nieuw begin. Ik heb ook de lijnen van de banier al aangegeven, zodat ik zeker weet dat het woord eronder er niet te dicht op staat.

3. In dit ontwerp worden drie schrijfstijlen gebruikt: schreef, schreefloos en een lintachtige stijl. Als de eerste opzet er goed op staat en je tevreden bent over de plaatsing van de letters, kun je ze gaan invullen en er gewicht en diepte aan geven. Pas op dat je het ontwerp nergens uitveegt.

4. Nu de letters op hun plaats staan, kun je eventuele foutjes wegvegen. Gebruik daar een wattenstaafje voor, waarmee je kleinere oneffenheden gemakkelijk kunt verwijderen. Je hebt nu een prachtig krijtbord dat je vol trots kunt laten zien.

Weekplanner

Het is erg leuk om het letterontwerp te maken voor een interactief krijtbord omdat je er steeds iets aan toe kunt voegen of eraf kunt halen en het steeds opnieuw kunt gebruiken. Voor dit project maken we een weekplanner om alles georganiseerd te krijgen.

1. Neem een voorbewerkt krijtbord en teken een lichte opzet. Dit bord is opgemeten en daarna in acht vlakken verdeeld: voor de titel en de zeven dagen van de week. Het bovenste vlak is iets groter, zodat er voldoende ruimte is voor de titel. Teken deze er licht in en schrijf dan onder elkaar de eerste letters van de weekdagen links in de zeven vlakken. Zorg dat er voldoende ruimte overblijft voor het maken van aantekeningen.

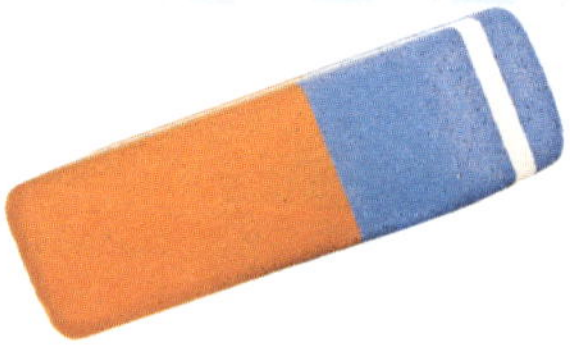

2. Als je de opzet klaar is, neem je een krijtpen en teken je de letters van de titel over. De letters zijn er eerst met krijt op gezet om ze goed uit te meten, maar daarna teken je ze met een krijtpen over, zodat ze er handgeschreven en losjes uitzien. Het krijtbord is dan al bijna klaar. Vul de letters in als je dat nog niet hebt gedaan en geef ze wat gewicht. Je kunt eventueel ook versieringen aanbrengen.

3. Laat de krijtpen drogen (bij voorkeur een hele nacht) en veeg dan het hele bord uit met een droge (maar zachte) doek of bordveger. Het is belangrijk dat de doek droog en zacht is omdat je enige druk uitoefent en iets hards de krijtpentekst gemakkelijk kan beschadigen. Je hebt nu een unieke weekplanner, die er niet alleen geweldig uitziet, maar ook alle afspraken en bezigheden overzichtelijk houdt.

TIP

Leg een vel papier naast je neer om de krijtpen op uit te proberen voor je op het bord tekent. Soms zit er stof of krijtstof op de pen of lekt de pen wat te veel inkt. Je kunt dit soort problemen op het bord voorkomen door kladpapier naast je neer te leggen.

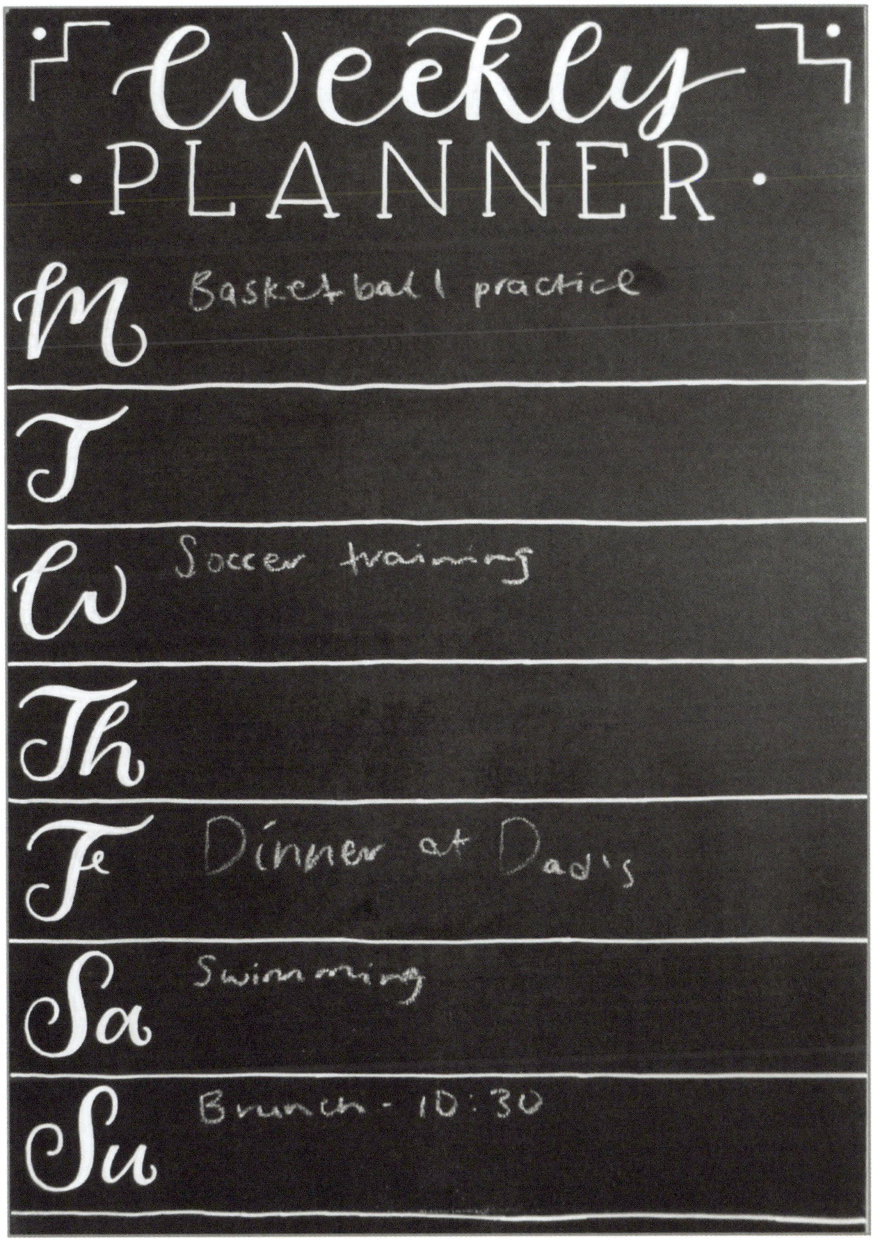

Welkom in ons huis

Voor dit project gaan we aan de slag met een prachtig krijtbord dat je bij de ingang van je huis kunt plaatsen. Het is ook een prachtig cadeau, bijvoorbeeld voor Moederdag. Of maak het persoonlijker en heet mensen stijlvol welkom in je kamer.

1. Neem een voorbewerkt krijtbord en breng het ontwerp heel licht aan. Om hellend te kunnen tekenen breng je diagonale parallelle hulplijnen aan. Teken de onderste lijnen extra breed voor 'HOME'. Als je de opzet hebt getekend, breng je (ook nu weer heel licht) de contouren van de letters aan.

2. Dit keer is ons project kort en direct en om die reden kan het het best zonder allerlei extra's worden weergegeven. Er worden drie letterstijlen gebruikt en verder slechts een paar zeer ingetogen versieringen. 'HOME' is hier het belangrijkste woord, dus wordt het groter getekend dan de andere woorden. De letters zijn breed, zodat er voldoende ruimte is voor decoraties in de letters.

3. Nadat je de letters hebt ingevuld, kun je ze versieren (ik heb stippen getekend in het woord 'HOME'), schaduwen tekenen en andere versieringen en illustraties aanbrengen als je wilt. Ik heb er een schattig huisje naast getekend, maar je kunt tekenen wat je maar wilt: bloemen, een tekening van je gezin, het silhouet van je huisdier... Je hebt nu een prachtig bord om mensen welkom te heten.

Menu

Voor dit project creëren we een spannend krijtbordmenu voor een speciaal etentje met dierbaren. Het is om op te eten!

TIP

Het is heel handig om een vel papier met daarop het menu naast je te hebben liggen (je wilt immers niets vergeten). Houd het bij de hand; zo kun je veel makkelijker werken als je de woorden gaat verdelen.

1. Neem een krijtbord (al dan niet voorbewerkt, de keuze is aan jou) en teken enkele lichte hulplijnen. Ik heb de mijne tot een minimum beperkt omdat ik wil dat dit bord er handgemaakt en niet te perfect uitziet. Nadat je de lichte hulplijnen hebt getekend, kun je de kop tekenen (ik heb heel simpel voor 'Menu' gekozen, maar je kunt ook iets als 'Laten we eten!' opschrijven) met daaronder de gangen van het menu. Je kunt verschillende schrijfstijlen gebruiken om onderscheid te maken tussen de verschillende gangen van het menu. De belangrijkste gerechten zijn in kapitalen geschreven en de bijgerechten in cursieve schrijfletters. De kans is groot dat je een paar keer opnieuw moet beginnen om het bord precies zo te krijgen als je wilt.

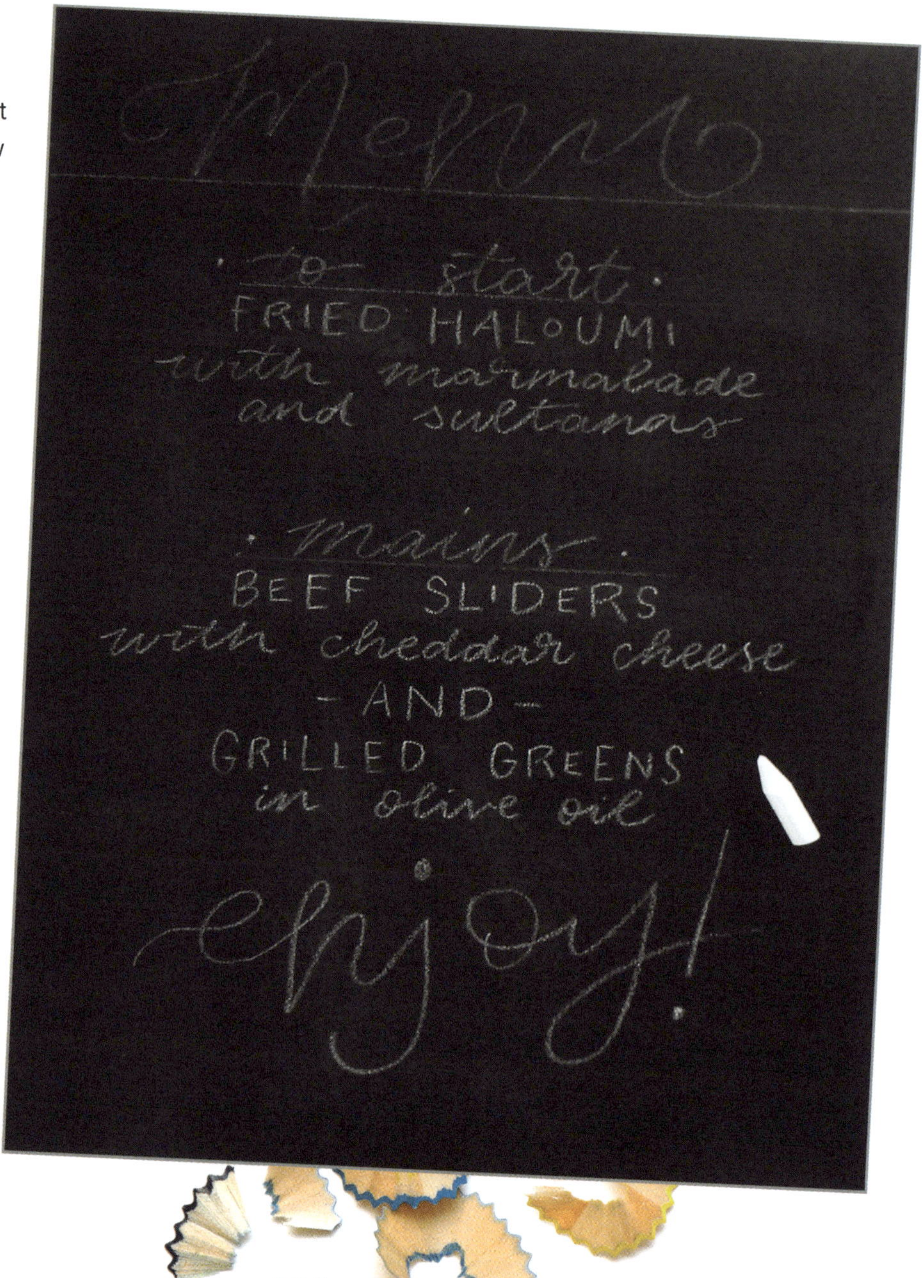

2. Als je het menu getekend hebt, veeg je de hulplijnen weg met een wattenstaafje of bordveger. Als je tevreden bent over het ontwerp, kun je de letters wat gewicht gaan geven. Ik heb 'Menu' en 'enjoy' wat dikker gemaakt, zodat ze extra opvallen.

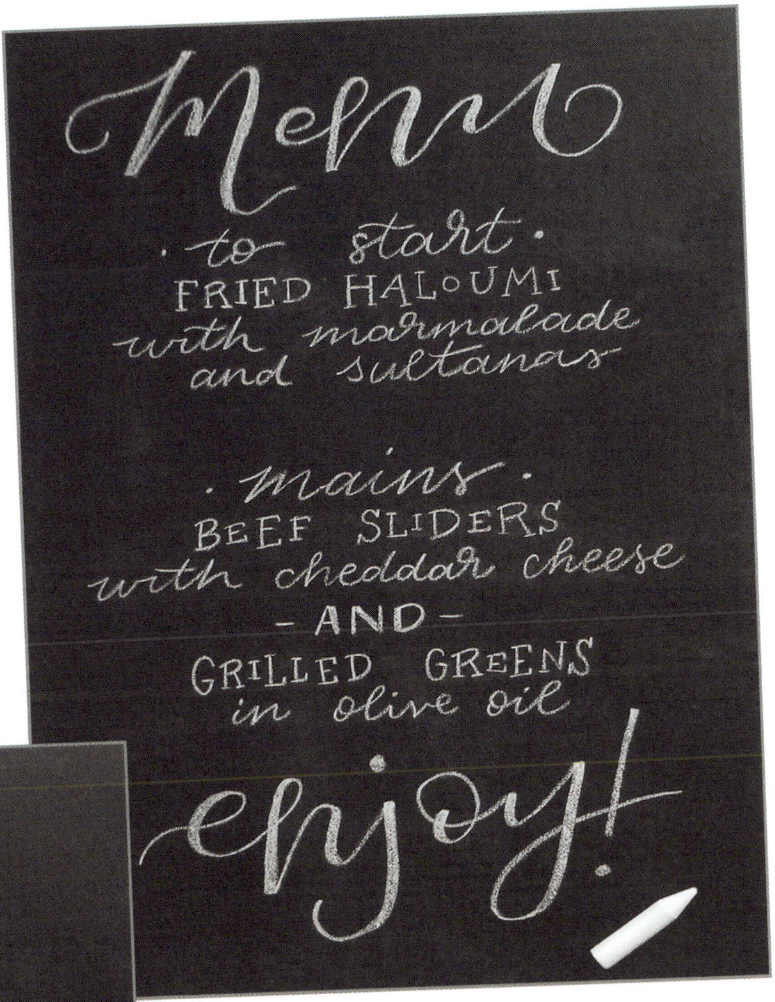

3. Je zou nu een smakelijk uitziend menu moeten hebben! Om het nog fraaier te maken, kun je wat decoratieve of illustratieve elementen toevoegen; ik heb gekozen voor een eenvoudige bladillustratie bovenaan en onderaan. Met dit fantastische menu maak je beslist indruk; een voorproefje van wat komen gaat!

Krijtbordboodschappen kunnen zo simpel of ingewikkeld zijn als je zelf wilt. Het kan een filosofisch citaat zijn, een zin uit je favoriete liedje of een motiverende spreuk. Leuk aan deze projecten zijn het plannen en het tekenen van de letters en de bevrediging die je voelt als je met liefde iets hebt gemaakt.

ONTWERP & CREËER!

Ontwerp & Creëer!

Handletteren wordt toegepast op allerlei kunst- en handwerk en zelfs op commerciële producten – denk aan boekomslagen, wenskaarten, T-shirts, mokken, posters, reclameborden en nog veel meer! Er zijn tal van manieren om handletteren elke dag toe te passen: gebruik mooie letters op je studieboeken, verstuur handgeschreven berichten aan je vrienden, maak speciale posters... zelfs een lijstje met klussen ziet er op deze manier spannend uit! In dit hoofdstuk kijken we naar enkele projecten die je kunt doen met je nieuwe lettervaardigheden.

In dit hoofdstuk leer je het belang van ontwerp en compositie bij het creëren van handletterprojecten. Hoewel handletteren je meer artistieke vrijheid geeft dan typen of normaal schrijven, zijn er toch enkele eenvoudige regels waaraan je je moet houden als je een kunstwerk wilt maken dat echt opvalt. Net als bij typografie is de ruimte boven, rond en tussen de letters en woorden heel belangrijk voor een evenwichtig handletterontwerp.

Waar te beginnen

Om indrukwekkende handletterprojecten te kunnen maken moet je begrijpen hoe handletteren en kunststijlen samengaan. Wat maakt een compositie goed? Hoe kun je jouw kunst laten opvallen tussen de rest? Het echte geheim achter goed handletterwerk is houden van wat je doet en er veel plezier aan beleven! Net als bij elke vaardigheid geldt ook hier dat hoe meer je het doet, hoe beter je erin wordt. Speel met de letters, experimenteer en onderzoek. En je weet maar nooit, misschien kun je van handletteren ooit je baan maken!

Ga op zoek naar dingen die je inspireren: gebruik bijvoorbeeld eens een boomblad in plaats van een penseel om letters mee te schrijven of creëer je eigen textuur met gevonden voorwerpen. Werk met verschillende inkt- en verfsoorten en ontdek wat een verschil een andere kleur kan maken bij zelfs het eenvoudigste ontwerp.

Houd ook je ogen open als je buiten bent; letters en typografie zijn overal. Letters die je opvallen, zijn letters die werken! Dit hoofdstuk zit vol verbazingwekkende trucs, tips, projecten en inspiratie om je op weg te helpen. Kom op, laten we beginnen!

Compositie: TIPS & TRUCS

Als je een ontwerp wilt maken dat er niet alleen goed uitziet maar ook het effect bereikt dat je voor ogen hebt, is het essentieel dat je verschillende letterstijlen effectief samenvoegt. Denk na over wat je wilt doen. Gebruik letters niet al te willekeurig, maar maak een geweldige compositie door te plannen hoe je het ontwerp in balans kunt brengen met een combinatie van stijlen. Denk na over alle verschillende manieren waarop je dit voor elkaar kunt krijgen en kies de beste onderdelen heel zorgvuldig uit. Het gaat erom dat je veel experimenteert – dat hoort bij de pret! Laten we eens kijken welke ideeën allemaal een rol speelden bij de volgende projecten.

Speel zoveel mogelijk met de compositie en letterstijlen. Hier wordt de inhoud van de woorden ook weerspiegeld in de opvallende stijl en lange stralen. Merk ook op dat de korte woorden minder ruimte innemen dan de grote. De grote woorden zijn zo vormgegeven dat ze opvallen, vooral de benadrukte woorden 'anyone' en 'sparkle'.

Dit handletterproject werd ontworpen voor op een vel A4-papier dat je boven je bureau kunt hangen als dagelijkse inspiratiebron. De compositie werd zeer zorgvuldig opgezet met een liniaal om hulplijnen aan te brengen die ervoor zorgen dat de letters in de juiste verhouding staan tot elkaar.

Na het voltooien van de lay-out werd duidelijk dat er iets ontbrak in de hoeken. In dit soort gevallen kan het goed werken om met patronen de lege ruimte op te vullen. Hier weerspiegelt een art-decostijl de grootse, inspirerende spreuk.

Door te experimenteren met verschillende patronen kun je ook nieuwe dingen ontdekken. Kijk eens naar historische kunststijlen, zoals art deco en art nouveau, voor inspiratie om versieringen rond je letters aan te brengen.

De letters in de lay-out rechts zijn informeler, dus past bij deze stijl en boodschap beter een zachtere en meer vloeiende decoratie, in tegenstelling tot het project hierboven. In plaats van een formeel kader zorgen florale versieringen rond de letters voor een prachtige compositie. Tot slot zorgen de kleine stippen rond de krans voor een speels en zacht accent.

Inspirerende POSTERS

Inspirerende posters zijn een geweldige manier om artistieke handletterprojecten te creëren en compositieregels te oefenen. Bij het citaat hieronder passen blackletters. Het woord 'WISDOM' suggereert iets wat sterk en tijdloos is, wat karakteristiek is voor de blackletterstijl. Omdat deze stijl heel dominant is in de compositie, moeten de overige woorden in een eenvoudigere stijl worden weergegeven. Vul de lege ruimtes met enkele krullen en spiralen om het werk af te maken.

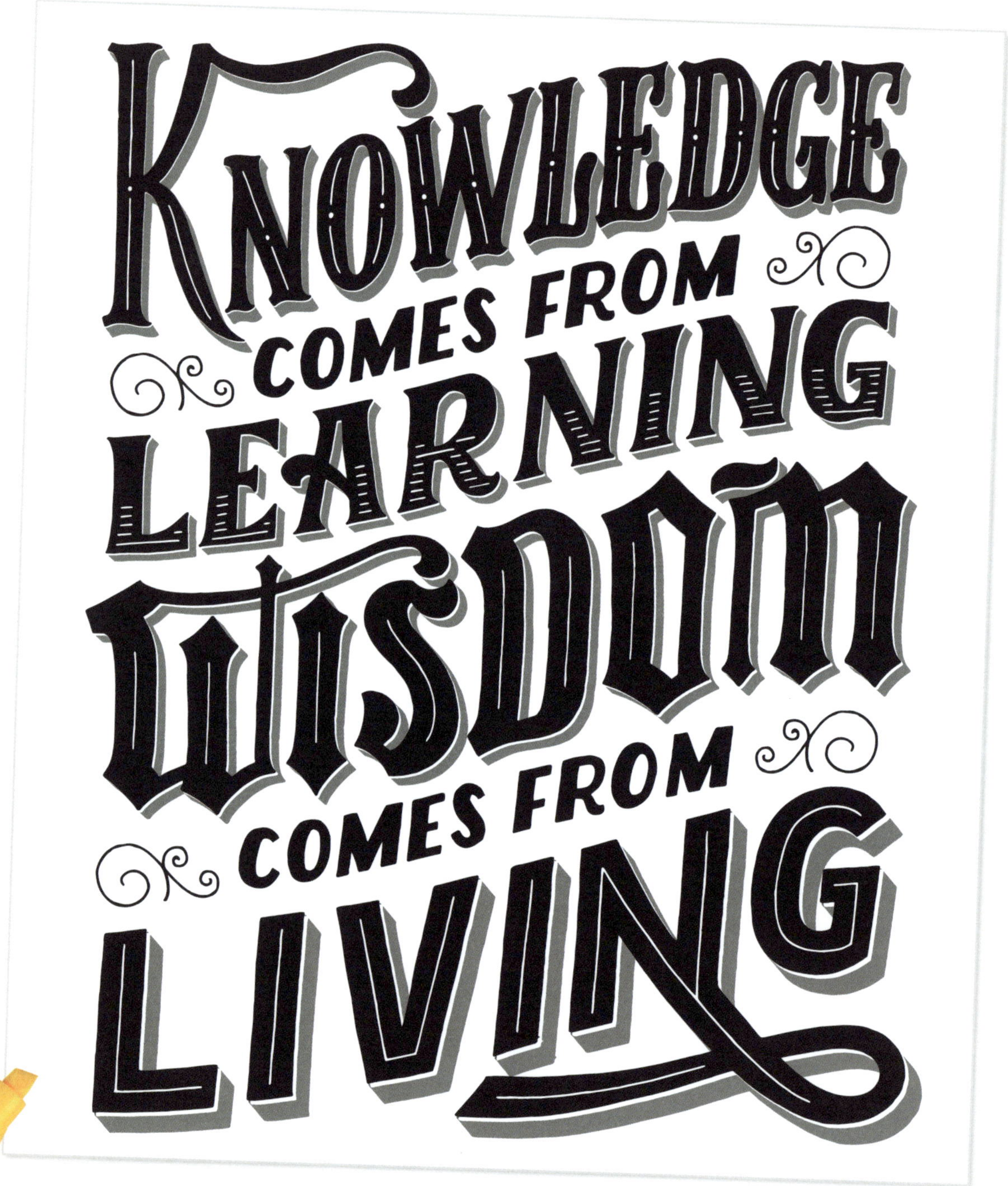

Maak van een zin die jou aanspreekt een motiverende poster. Probeer de sfeer van de woorden te laten doorklinken in de letters en gebruik enkele van de genoemde tips en trucs om de bladzijde te vullen.

Laten we nu eens gaan kijken hoe je een handletterontwerp kunt aanpassen als het niet helemaal is geworden wat je had gedacht.

Hier is een goede truc om een horizontale (liggende) compositie te veranderen in een verticale (staande) compositie. Het begon als een liggend ontwerp, maar naarmate het proces vorderde werd duidelijk dat het er staand beter uit zou zien. In plaats van het ontwerp opnieuw te tekenen werden boven- en onderaan extra versieringen aangebracht om de lay-out te verlengen.

De gebogen onderkant van de woorden 'WAKE UP' zorgde voor een lege ruimte in het midden. Door de kortere, minder belangrijke woorden in open banieren te plaatsen werd de ruimte gevuld en de compositie verbeterd. Klus geklaard!

Het project rechts werd gecreëerd zonder dat uitgebreid was gepland hoe de compositie moest worden ingevuld – geen metingen, geen linialen en geen hulplijnen! Het resultaat is een vrolijk, los ontwerp.

Dit is een goed voorbeeld van hoe fouten kansen kunnen bieden. Door de letterbreedte van 'AL' (van 'ALMOST') verkeerd in te schatten bleek er niet genoeg ruimte voor de rest van het woord. Maar door 'OST' kleiner te maken bleef het resultaat er toch opvallend en speels uitzien. Nadat alle letters op papier stonden, zag het er wat retro uit en dat vroeg om een decoratieve retrostijl: de ruimtes werden gevuld met filigraan en druppels. Door extra patronen aan te brengen onder 'OST' leken de kleinere letters bewust te zijn aangebracht. Het pakte fantastisch uit.

Letters met PATRONEN

Versier je letters! Teken de contouren van de letters en vul ze in met verschillende patronen. Niet alleen is dit een unieke manier om letters te tekenen, het zal ook leiden tot tal van originele combinaties in je project.

Begin met eenvoudige patronen (lijnen, stippen, golven, krullen) en probeer dan eens wat zich herhalende patronen, zoals vierkanten, cirkels en driehoeken. Kijk wat er gebeurt als je ze een andere richting op tekent. Het gaat erom dat je geniet van het proces en niet te veel stress voelt. Kijk naar het woord 'CUTE' en de diverse patronen in de letters. Probeer nu eens zelf de letters te versieren in de voorbeelden eronder. Zich herhalende patronen tekenen kan heel therapeutisch werken en is ook nog eens superleuk!

Speel met je patronen! Ontwerp je eigen creaties in de vierkanten en gebruik ze dan om de letters van het woord 'FUN' in te vullen. Gebruik alleen zwart en wit voor een opvallend monochroom effect of leef je uit met kleuren. Boven alles geldt: *have fun!*

MONOGRAMMEN

Monogrammen bestaan uit twee of meer letters, vaak iemands initialen. De letters overlappen elkaar om een symbool te creëren. Monogrammen worden vaak gebruikt als logo's, voor sieraden en op luxe accessoires. Wat leuk is aan het tekenen van monogrammen is het uitvinden hoe je de lagen van elke letter in elkaar kunt verwerken, zodat er een mooi kunstwerk ontstaat. Begin met je eigen initialen of die van je familie of beste vrienden en gebruik het monogram dan op brieven en verjaardagskaarten. Je zou je monogram kunnen scannen en het als logo voor e-mails en onlineberichten kunnen gebruiken. Hier volgen enkele ideeën om je op weg te helpen.

De initialen 'STU' zijn lastig, maar geweldig om met elkaar te verweven. Geef dit monogram een vintage sfeer door decoratieve schreefletters te gebruiken.

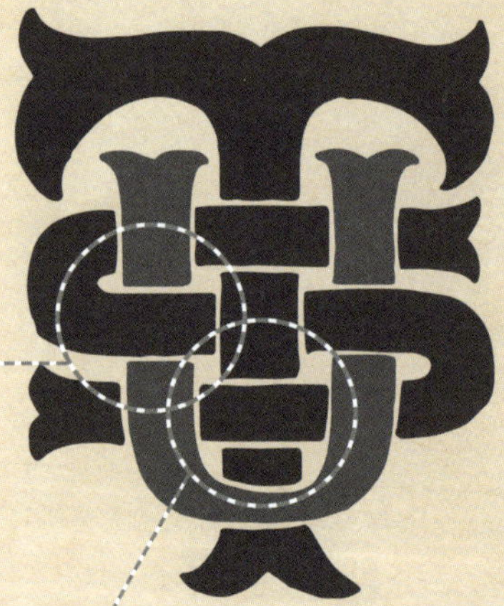

Verknoop de S-curve met de stammen van de U.

De T heeft een verticale stam die de witte ruimte in kan nemen die ontstaat door de U en is de perfecte lijn om een knoop te creëren met de S.

Als je een schreefloze stijl gebruikt, wordt het iets makkelijker en ontstaat er een meer hedendaagse sfeer. Deze initialen zijn een behoorlijke uitdaging, maar er is altijd een manier om het te laten werken, dus geef niet op!

Verknoop de M en D om beurten.

De M en D staan allebei rechtop; door de L cursief te schrijven past hij bij de hellende lijn van de M.

TIP

In traditionele monogrammen staat de initiaal van de eerste naam links, gevolgd door de initiaal van de achternaam in het midden en de initiaal van de tweede naam rechts. Maar jij kunt het doen zoals je zelf wilt en je eigen regels opstellen.

Deze schrijfstijl combineert de letters 'SRS'. Dezelfde letter aan weerszijden van het midden zorgt voor symmetrie, maar maakt het ook mogelijk om kleine verschillen aan te brengen, zoals anders omgaan met hun uiteinden.

Verleng de S, zodat hij het begin wordt van de krul van de R.

Verknoop de stam van de R met de S-curve van de S.

Verleng het been van R en verander het in het uiteinde van de S.

Een lusvormige schrijfstijl om de letters met elkaar te verweven kan heel cool zijn. De letters 'NBL' kunnen op diverse manieren worden gecombineerd; hier gebeurt dat door de pennenstreken als een soort touw te laten fungeren.

Verbind het uiteinde van de N met het begin van de B.

Creëer een lus door het begin van de L aan de bovenste boog van de B te haken.

Verknoop de onderste boog van de B met de L.

'VCW' is een interessante combinatie voor het uitproberen van horizontale lussen, omdat de V en W overeenkomsten vertonen, terwijl de C heel anders is. De C is echter open in het midden, waardoor de V en W er fantastisch in passen. Hij ziet er in dit ontwerp een beetje uit als een paperclip.

Plaats de V parallel aan de W en verweef de letters met elkaar.

Verbind de pennenstreken met elkaar door een lus te creëren.

Een monogram van twee letters komt veel voor. Hier zijn de letters 'AK' gebruikt. Als je de letters dezelfde stam laat gebruiken, ontstaat er direct een gevoel van eenheid.

Versier de uiteinden van de letters. Ze hoeven niet saai te zijn.

De A en de K delen een pennenstreek.

Getallen & SYMBOLEN

Handletteren betekent niet dat je alleen de letters van het alfabet tekent. Getallen en symbolen zijn ook heel leuk om te leren en even mooi als de 26 letters van het alfabet.

Hier zijn enkele voorbeelden ter inspiratie. Begin met het kopiëren van de getallen op deze bladzijde(n) en pas deze stijlen dan toe op andere getallen en symbolen. Het is ook leuk om te experimenteren met verschillend tekengerei. De mogelijkheden zijn eindeloos!

”@1$%59
2?6!$4#
#

Verjaardagskaarten & ENVELOPPEN

Gepersonaliseerde handgeletterde wenskaarten zijn een fantastische manier om iemand te laten zien hoeveel je om hem of haar geeft. Ontwerp je kaarten in verschillende stijlen: formeel, lieflijk of gewoon gek. Voeg er dan versieringen en illustraties aan toe om ze nog opvallender te maken.

Wie zegt dat enveloppen saai moeten zijn? Pimp ze op door de naam en het adres van de ontvanger te handletteren. Je zou er iets extra's aan toe kunnen voegen door een stijl te kiezen die bij hem of haar past, zoals bloem- en bladdecoraties voor iemand die graag tuiniert of een puppy of pootafdrukken voor een hondenliefhebber. Doe je persoonlijke wenskaart erin!

TIP

Voorkom te veel lege ruimte op je enveloppen en kaarten. Je kunt eenvoudige krullen toevoegen om ze in te vullen en je werk interessanter te maken – maar overdrijf niet.

Verjaardagskaarten & ENVELOPPEN

Maak een envelop interessanter door met lettervormen te spelen: varieer de formaten van de letters, vul ze in of voeg versieringen toe. Zorg er alleen wel voor dat de postbezorgers de envelop kunnen lezen, zodat de kaart op het goede adres aankomt. En vergeet niet ruimte over te laten voor de postzegel!

Nu is het jouw beurt!

Maak een ontwerp voor een kaart en een bijpassende envelop. Als je er tevreden over bent, teken je het op een kaart en envelop en stuur je het de wereld in. Je vrienden en familie zullen versteld staan als ze in hun brievenbus dit juweel vinden!

TIP

Gebruik een kaart en envelop in bijpassende kleuren voor extra effect.

Houd je van boeken lezen? Als je je eigen boekenleggers maakt, zul je altijd weten waar je bent gebleven. Zet er een aansprekend citaat of een zin uit je favoriete boek op of iets over de vreugde van het lezen. Geef elke boekenlegger zijn eigen stijl en fleur hem op met kleine illustraties. Dit zijn ook leuke cadeautjes voor boekenliefhebbers. Kijk eens naar de ideeën op deze en de volgende bladzijde.

TIP

Onthoud dat verticale composities het best werken bij boekenleggers. Je hoeft niet de hele vorm in te vullen; ook nu geldt weer: minder is meer! Werk met korte zinnen en vul de open ruimte met versieringen.

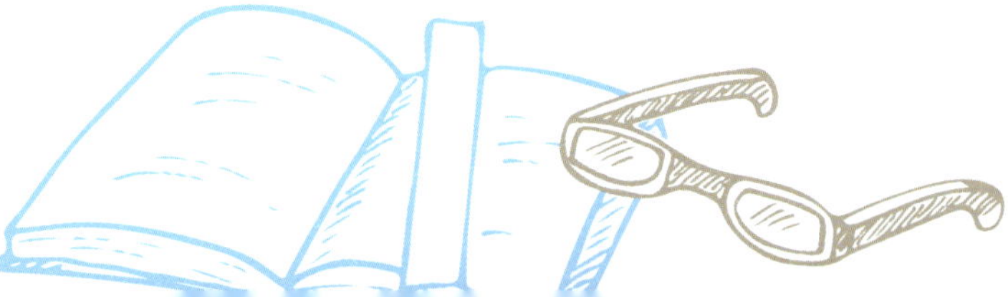

Kies een zin, geef hem vorm en vul hem in.
Dit is een fantastisch cadeau.

Letters DIGITALISEREN

Als je eenmaal weet hoe je moet handletteren, zou je je ontwerpen kunnen gaan digitaliseren. Zo kun je je letters online delen, kleine veranderingen in je ontwerpen aanbrengen (zoals het dupliceren van versieringen of kleuren toevoegen) of je ontwerp bewaren om later voor andere projecten te gebruiken.

Om je letters te digitaliseren heb je een computer en scanner nodig. Omdat dit proces vrij complex kan zijn en wat technische vaardigheid vereist, heb je mogelijk iemand nodig die je kan helpen.

Er zijn verschillende programma's die je kunt gebruiken om je letters te digitaliseren, variërend van gratis software, als Inkscape en GIMP, tot programma's die je moet kopen, zoals Adobe Photoshop en Adobe Illustrator. Als beginner heb je alleen de basisonderdelen van de programma's nodig, die in de meeste gratis varianten zitten – gratis software is dus in dit geval een prima keuze.

Elk programma heeft een andere lay-out en specifieke tools, maar laat je daardoor niet van de wijs brengen; de volgende stappen laten je het basisproces voor het digitaliseren van letters zien. Lees de instructies van het programma en zoek alles wat je niet begrijpt op met de 'helpfunctie' van het programma.

Letters digitaliseren

Potloodschets met versieringen.

1. Maak je handletterproject af. Je kunt het het best met inkt overtrekken, want de meeste scanners pakken lichte potloodlijnen niet goed op. Zorg dat je een schoon ontwerp scant, dus zonder vegen of half uitgegumde lijnen, aangezien het veel tijd kost om die digitaal te verwijderen. Als het ontwerp vol vegen zit, teken het dan over op een schoon vel papier.

Geïnkte schets, klaar om op 300 dpi of hoger te scannen.

2. Scan het ontwerp. Zet de scanner, indien mogelijk, op een minimum van '300 dpi'. Dat verwijst naar de kwaliteit van de afbeelding. Hoe hoger het getal, hoe scherper de afbeelding. Als je scanner het kan, zou je de afbeelding ook op 600 dpi kunnen scannen.

TIP

Bevat het ontwerp dat je wilt scannen en digitaliseren elkaar overlappende letters, dan kun je ze beter eerst losmaken voor je ze met inkt bewerkt en scant. Als je er vectortekeningen van hebt gemaakt, kun je ze weer laten overlappen. Zo kun je voor elke letter andere effecten gebruiken en eventueel nog dingen in de lay-out aanpassen.

3. Open de gescande letters met beeldverwerkingssoftware, zoals Photoshop of GIMP. Gebruik de 'gum' om eventuele vlekjes of extra lijnen te verwijderen die niet in het eindresultaat te zien mogen zijn. Je moet ook het contrast verhogen, zodat de zwarte lijnen donkerder worden en de witte delen witter zijn; zo kan het vectorprogramma dat je gaat gebruiken de verschillende letters en schaduwen goed herkennen.

Aangepaste scan waar de witte en zwarte delen geaccentueerd zijn.

4a. Open de gescande afbeelding nu in een illustratieprogramma, zoals Adobe Illustrator of Inkscape. Gebruik de 'trace-functie' om de letters te veranderen in vectorvormen. In sommige programma's kun je dat automatisch doen, maar heb je ook nog de optie om handmatig wijzigingen aan te brengen. Speel met de settings in het door jou gekozen programma tot je tevreden bent over het ontwerp.

b. Als je de letters hebt veranderd in vectorafbeeldingen, selecteer dan de groep vormen en klik op 'expand' en vervolgens op 'ungroup'. Hierdoor kun je elke letter afzonderlijk bewerken.

c. Als je niet tevreden bent over het resultaat van de automatische trace-functie, kun je je ontwerp ook met de hand tracen. Gebruik daarvoor de 'pen' in het programma; zo ontstaan er strakkere randen. Wil je echter liever het handgetekende karakter bewaren, dan kun je ook de 'brush' of 'penseel' gebruiken, zodat de randen wat grilliger blijven.

TIP

Een vectorafbeelding maken van je ontwerp betekent dat je het verandert in een format dat groter en kleiner kan worden gemaakt, zonder dat de afbeelding aan resolutie verliest en wazig wordt. Zo kun je dus het ontwerp verkleinen tot het op een kaart past of het opgeblazen tot posterformaat.

Automatisch 'getracete' versie van het ontwerp, waardoor het veranderde in een vectorafbeelding en de kleuren zijn aangepast.

5. Als de trace compleet is, kun je eenvoudig dingen verplaatsen, elementen uitgummen en kleuren toevoegen. Je zou zelfs verschillende effecten kunnen toepassen en ook nog in verschillende combinaties. Bewaar de ontwerpen steeds als aparte bestanden en vergelijk ze uiteindelijk om te zien welke het beste is. Het kan zijn dat je na het digitaliseren van je letters nog steeds vindt dat er wat aan veranderd moet worden. In dat geval kun je versieringen en accenten dupliceren om meer details toe te voegen. Je kunt ook delen verwijderen of uitgummen als je het ontwerp te vol vindt. Zoek op hoe je dit moet doen met het programma dat je gebruikt. Als er slechts één woord of element is dat je niet aanstaat, kun je het altijd uitgummen, opnieuw tekenen, inscannen, er een vectorafbeelding van maken en deze aan je oorspronkelijke ontwerp toevoegen.

Gedigitaliseerde versie met toegevoegde witte lijn aan de buitenkant en slagschaduw.

Het leren van een nieuwe vaardigheid kost tijd en oefening. Maak je niet druk als je niet meteen de software onder de knie hebt of als je eerste gedigitaliseerde project tegenvalt. Blijf oefenen, dan zul je al snel iedereen verbazen met de prachtigste gedigitaliseerde handletterontwerpen.

Nu je weet hoe je letters moet digitaliseren, kun je ze combineren met foto's. Er zijn verschillende apps die je daarbij kunnen helpen, maar als je foto's wilt personaliseren, kun je de letters het best digitaliseren (zie blz. 102-105) en ze dan aanbrengen op een digitale of gescande foto.

Als je klaar bent met het digitaliseren van je letters, open je de foto in een fotobewerkingsprogramma als Adobe Photoshop of GIMP. Je moet 'een nieuwe laag aanbrengen'. Er is een eenvoudig menu of een tool om dit te doen. Je foto bevindt zich in een laag (laten we dit 'laag 1' noemen) en je letters moeten zich in een andere laag bevinden ('laag 2'). Als je laag 1 selecteert, bewerk of beweeg je alleen de foto, en als je laag 2 selecteert, bewerk of beweeg je de letters. Als je beide selecteert, zie je hoe de uiteindelijke foto eruit gaat zien. Je kunt de letterlaag selecteren en de opaciteit (mate van doorschijnendheid) en de kleur of toon van de letters aanpassen.

Dit is een mooie manier om dierbare herinneringen te personaliseren en te veranderen in een blijvend aandenken voor jezelf, je vrienden of familie.

Perspective

KEEP
on
SHINING

Ga zelf aan de slag en gebruik deze foto's als ondergrond.

PROJECTINSPIRATIE

Gefeliciteerd! Je hebt je door een fantastische reeks letterstijlen, technieken, media en projecten heen gewerkt. Je hoofd moet nu wel vol ideeën zitten en je handen jeuken waarschijnlijk om verder te gaan met handletteren. Je hebt nu alles wat je nodig hebt om je eigen handletterstempel op de wereld te drukken!

Meer handletteren?

ISBN 978-94-6354-069-8